Heinrich Kanner

Zur Pressreform in Oesterreich : Vortrag, gehalten am 16. November 1896

Heinrich Kanner

Zur Pressreform in Oesterreich : Vortrag, gehalten am 16. November 1896

ISBN/EAN: 9783741157837

Hergestellt in Europa, USA, Kanada, Australien, Japan

Cover: Foto ©Andreas Hilbeck / pixelio.de

Manufactured and distributed by brebook publishing software
(www.brebook.com)

Heinrich Kanner

Zur Pressreform in Oesterreich : Vortrag, gehalten am 16. November 1896

Zur Pressreform in Oesterreich.

Vortrag, gehalten am 16. November 1896

von

Dr. Heinrich Kanner

Redacteur der „Zeit".

Herausgegeben vom Socialpolitischen Vereine in Wien.

Wien. 1897.

Moritz Perles

I., Seilergasse 4.

Vorwort.

Auf Wunsch und Einladung des Socialpolitischen Vereines in Wien hat Herr Dr. Kanner am 18. November d. J. den in den folgenden Blättern wiedergegebenen Vortrag gehalten und darin ein Capitel aus der Leidensgeschichte der österreichischen Presse und Politik behandelt, das uns zum Abschluß reif zu sein schien. In der That hatte der vor einem zahlreichen Publicum abgehaltene Vortrag und die sich daran anschließende Discussion zur Folge, daß die mit den Jahren immer schwächer gewordenen Bemühungen, wenigstens der lästigsten Beschränkungen der Preßfreiheit ledig zu werden, wieder lebhafter wurden. Der Socialpolitische Verein selbst beabsichtigte, eine Massenpetition um Aufhebung des Zeitungsstempels und des Colportageverbotes zu organisiren, und hatte sich bereits mit verschiedenen Abgeordneten und politischen Persönlichkeiten in allen Theilen Oesterreichs in Verbindung gesetzt. Die Socialdemokratie griff die Frage mit Eifer auf und veranstaltete zahlreiche Versammlungen. Im Parlamente selbst erinnerten sich die Herren Kuß und Consorten ihres liberalen Berufes und brachten am 3. December im Abgeordnetenhause einen Dringlichkeitsantrag ein auf Aufhebung des Zeitungsstempels und des Colportageverbotes. Dieser Antrag — eigentlich nur eine Betreibung der im Anhange zu dieser Broschüre aufgeführten älteren Anträge der Jungczechen — ist angenommen worden, und damit ist vorläufig für den Socialpolitischen Verein die Nothwendigkeit entfallen, das Abgeordnetenhaus durch eine Massenpetition zu seiner Pflicht zu rufen. Man hat diesmal — vor den Neuwahlen! — ein feineres Ohr für die Wünsche und Bedürfnisse der Wählerschaft gehabt, als es in der Regel der Fall zu sein pflegte.

Es ist aber trotzdem nicht überflüssig, wenn wir durch die vorliegende Broschüre das Publicum über die Bedeutung der von uns angestrebten Preßreform aufklären und die Mahnung an alle Freunde der Preßfreiheit aussprechen, nicht zu ruhen, sondern kräftig weiter-zuarbeiten, bis auch in Oesterreich wirkliche Preßfreiheit erreicht ist. Denn nicht nur muß noch darüber gewacht werden, ob das Parlament auch den zu erwartenden Widerstand des Ministeriums zu beseitigen kräftig genug sein wird; es ist die Aufhebung des Zeitungsstempels und des Colportageverbotes auch nicht der letzte Schritt, der gethan werden muß. Auf dem Felde der in das Gewand der Confiscation und des objectiven Verfahrens gekleideten Censur wird das nächste Abgeordnetenhaus noch Arbeit genug zu verrichten haben. Denn in Oesterreich wird heute die Feder des politischen Schriftstellers bei kritischer Erörterung öffentlicher Angelegenheiten durch die Sorge vor dem Staatsanwalt gehemmt, der ohne vorausgegangene richterliche Prüfung seine Arbeit vernichten und ihn für ein freies Wort mit schwerem materiellen Schaden strafen kann. Ein Volk aber, das nicht einmal die Freiheit des U r t h e i l e n s zu erringen vermag, hat auch nicht den Muth und die Kraft, sich in seinen H a n d l u n g e n selbst zu bestimmen. Darum geben wir dieser kleinen Broschüre, die anderswo längst erledigte politische Fragen auch in Oesterreich der Lösung näher bringen will, den Wunsch zum Geleite mit, daß sie nicht nur Leser finde, sondern daß diese Leser auch thätige Anhänger einer vollständigen Reform unserer Preßgesetzgebung sein möchten. Möchten sie von der tiefen politischen und s i t t l i c h e n Wahrheit er-füllt werden, die in der Mahnung gelegen ist, die J u n i u s, der glänzende und siegreiche Streiter für Preßfreiheit, schon vor hundert-undzwanzig Jahren erfolgreich an das englische Volk gerichtet hat: „Laßt es in Euere Seele geschrieben sein, laßt es Euere Kinder sich einprägen, daß die Freiheit der Presse das Palladium aller bürger-lichen, politischen und religiösen Rechte ist."

W i e n, 9. December 1896.

Der Ausschuß des Socialpolitischen Vereines.

Geehrte Versammlung!

In Sachen der Preßreform ist in Oesterreich seit einem halben Jahrhundert sehr viel gesprochen und geschrieben, aber nur herzlich wenig geleistet worden. Sie alle kennen sicherlich jenen Ausspruch eines Staatsmannes, daß, wenn man einem Volk alle Freiheiten nähme und ihm nur die Preßfreiheit ließe, diese allein imstande wäre, alle anderen Freiheiten und Rechte dem Volke zurückzuerobern. Diesen Gedanken hat bei uns ebenso die Revolution, wie später die Reaction verstanden. Der erste Ruf und die erste That der 1848er Revolution war die Preßfreiheit. Und der erste Griff, den die Reaction unternahm, als sie wieder zur Macht kam, war gegen die Preßfreiheit gerichtet. Fürst Windischgrätz begann die Belagerung Wiens mit zwei Decreten, durch welche sämmtliche Zeitungen, mit Ausnahme der officiellen, suspendiert wurden. Als dann 1851—1852 die Reaction sich häuslich in Oesterreich wieder einzurichten begann, warf sie auch pünktlich die Preßfreiheit zuerst zur Thür hinaus. Zehn Jahre lang hat die österreichische Presse unter dem reactionären Preßgesetz vom 1852 geschmachtet. Die nächste große Wendung in unserer politischen Entwicklung ist durch die italienischen Niederlagen von 1859 und das October-Diplom von 1860 gegeben. Der Constitutionalismus, der nunmehr in Oesterreich eingeführt wird, hat alsbald zur Folge ein neues Preßgesetz, das vom Jahre 1862, welches großentheils noch heute zu Recht besteht. 1866 kommt die Schlacht von Königgrätz, ihr folgt die December-Verfassung von 1867 mit der Jury für Preßdelicte und in deren unmittelbarem Gefolge abermals ein Preßgesetz, das vom Jahre 1868. Dieses neue Preßgesetz hat nur unbedeutende Aenderungen an dem Preßgesetz vom Jahre 1862 vollzogen. Seitdem, seit dem Jahre 1868, ist fast keine Legislaturperiode des Reichsrathes vergangen, ohne daß im Abgeordnetenhause Anträge auf Preßreform, auf eine liberalere Preßreform gestellt und verhandelt worden wären. Es ist aber dabei nicht viel herausgekommen. Die Regierungen, die liberalen wie die conservativen, wie die Coalitionsregierungen haben sich immer ablehnend verhalten. Erst der geharnischten Opposition der Jungczechen gegen die Coalitions-regierung ist es 1894 gelungen, einige kleine Verbesserungen des Preß-gesetzes durchzuzwingen. Bis auf diese geringfügige Reform von 1894 ist das Preßgesetz vom Jahre 1862 mit den 1867 und 1868 getroffenen Neuerungen im großen und ganzen unverändert bis auf den heutigen Tag in Kraft geblieben. Diese Preßgesetzgebung besteht nun schon über ein Menschenalter. Mit allen ihren kleinlichen Bosheiten und ihrem großen Widersinn hat sie Oesterreich zum Gespötte der europäischen Nationen gemacht. Ich habe Ihnen in den ersten Worten meines Vor-trages den berühmten Ausspruch citiert, daß die Preßfreiheit allein fähig sei, alle anderen politischen Freiheiten durch eigene Kraft zu erzeugen. Diesen Satz haben unsere Regierungen sehr wohl verstanden, aber nur um ihn a contrario anzuwenden. Unsere österreichischen Staatsmänner haben uns jederzeit die Preßfreiheit nach Möglichkeit vorenthalten, um dadurch alle unsere übrigen constitutionellen Rechte zur besseren Hälfte illusorisch zu machen. Unsere schlechte Preßgesetz-gebung ist vielleicht der tiefste Grund unserer unbefriedigenden politischen Zustände. Im Organismus der demokratischen Institutionen ist die Preß-freiheit sozusagen mit dem Blut zu vergleichen, das alle Organe nährt, anregt und befeuert. Indem man uns gleichzeitig mit der Ver-fassung eine so schlechte Preßgesetzgebung bescherte, hat man uns das Blut aus dem politischen Organismus abgezapft. Deswegen ist unser politisches Leben so entsetzlich anämisch geworden, so blaß und so kraftlos und so kümmerlich. Wir alle wissen heute, daß unser einst so vielgerühmter Constitutionalismus bloß ein Schein-Constitutionalismus, daß unsere einst so gepriesene liberale Partei eine pseudoliberale Partei ist. Dafür ist vielleicht nichts so charakteristisch als die Thatsache, daß unter den schlechten Preßgesetzen, unter denen wir nun seit einem Menschenalter schon leiden, die gefeiertsten Namen dieser Partei stehen: unter dem Gesetz von 1862 der des Herrn v. Schmerling, unter dem Gesetz von 1868 die Namen des Fürsten Carlos Auersperg, des Dr. Eduard Herbst als Justizminister, des Dr. Giskra als Minister des Innern, des Dr. Brestel, des Dr. Berger und wie sie alle damals hießen. War die liberale Partei nur eine pseudoliberale Partei, so war die Preßfreiheit, die sie uns gab, ihr proton pseudos, ihre erste und größte Lüge, die auch zuerst und am gründlichsten zerstört werden muß, wenn unsere Verfassung, der Liberalismus oder, besser gesagt, die Demokratie bei uns zur Wahrheit gemacht werden soll. In den Kampf gegen die liberalen Lügen unseres politischen Lebens ist der Social-politische Verein mit neuen Kräften eingetreten. Ich glaube, daß er sehr zweck- und sinngemäß handeln wird, wenn er seinen Kampf zuerst gegen die bestehende liberale Preßlüge, das ist für eine gründliche Preßreform und wirkliche Preßfreiheit, führt. Ich habe es deswegen sehr wohl verstanden, daß der Verein, nachdem er seine active Campagne bei den letzten Landtagswahlen so glücklich eingeleitet, nun zunächst die Preßreform auf seine Tagesordnung gestellt hat. Und des-wegen habe ich als Zeitungsmensch es gern übernommen, Ihnen hier in einem Vortrag die wichtigsten Beschwerden gegen die bestehende Preßgesetzgebung auseinanderzusetzen.

Um kurz zu sein, werde ich mich auf die vier Hauptpunkte be-schränken:

den Zeitungsstempel,

das Colportageverbot,

das objective Verfahren

und die Entziehung des Postdebits für ausländische Zeitungen.

Der Zeitungsstempel.

Den weitaus actuellsten Theil der Preßreform in Oesterreich bildet zweifellos der Zeitungsstempel.

Der österreichische Zeitungsstempel ist ein ziemlich alter Herr schon, und seine Biographie weist manche Pikanterie auf. Er stammt nämlich aus dem Jahre 1789. Der Zeitungsstempel — das war der erste eigenthümliche Reflex der großen französischen Revolution im österreichischen Polizeistaat. Weil damals in Frankreich neue Ideen siegreich aufkamen, suchte man sich in Oesterreich durch Preßbeschränkungen gegen ihr rechtzeitiges Eindringen zu schützen. Denn Oesterreich muß immer hinter den anderen Staaten Europas um eine Idee zurück sein. Und wenn auf einmal so viele neue Ideen in eine alte Welt einbrechen, wie 1789 die Ideen der französischen Revolution, bedarf es auch auf Seite Oesterreichs neuer Anstrengungen, neuer Mittel, um seinen alten reactionären Ruf in Ehren zu bewahren. In der Resolution vom 24. Jänner 1789, durch die der Zeitungsstempel, der sich damals übrigens auch auf „Broschüren und Komödien“ erstreckte, zum erstenmal in Oesterreich eingeführt worden ist, wird der Zeitungsstempel als das „wirksamste Mittel“ angepriesen, „die Scribler, die seit der bestehenden Preßfreiheit soviel Unsinn und abgeschmacktes Zeug hervorgebracht haben, künftig zu mäßigen und auch die Einfuhr von dergleichen fremden Schriften hintanzuhalten“. So der Gedankengang der Resolution. Die Thatsachen erwiesen schon damals das genaue Gegentheil. Thatsächlich traf der Zeitungsstempel am schwersten die ernste Presse, die Scandalpresse fühlte sich dabei verhältnismäßig wohl, denn sie fand und findet immer Liebhaber, die einen erhöhten Preis zu zahlen bereit sind. Trotzdem diese Erfahrung gleich in den ersten Jahren seines Bestandes am österreichischen Zeitungsstempel gemacht wurde, blieb der Stempel bestehen, der beste Beweis dafür, daß man nicht die schlechte, sondern die gute Presse damit strafen wollte. Erst die

Consequenzen der 48er Revolution brachten 1850 die Aufhebung des Zeitungsstempels für Oesterreich. Kaum war aber die Reaction wieder installiert, so brachte sie auch den Zeitungsstempel wieder auf. Das war 1857. Im folgenden Jahre wurde ein neues Zeitungsstempel-Reglement erlassen, das im wesentlichen noch heute in Kraft ist. Seither wurden uns Verfassungen gegeben und wieder sistiert, Ministerien sind gekommen und gegangen, reactionäre, sogenannte liberale und stationäre: der Zeitungsstempel ist geblieben. Der Zeitungsstempel ist das Brand-mal, das die intelligenzfeindliche Reaction jedem Zeitungsblatt auf die Stirne drückt. Solange Sie jeden Morgen rechts oben auf dem Kopf Ihrer Zeitung den Amtsstempel finden, können Sie darüber beruhigt sein, daß Sie noch in dem alten bildungsfeindlichen Polizeistaat Oester-reich leben, selbst wenn Ihnen der Leitartikel unterhalb des Stempels etwas anderes weiszumachen versuchen sollte. In allen europäischen Ländern hat die Reaction den Zeitungsstempel einmal eingeführt, in allen hat ihn der Liberalismus wieder beseitigt. Nur in Oesterreich nicht. 1869 wurde der Zeitungsstempel in Ungarn, 1874 auch im ge-einigten Deutschland abgeschafft. Seitdem theilt Oesterreich den Vorzug des Zeitungsstempels nur noch mit der Türkei. Und zur türkischen Wirtschaft paßt auch der Zeitungsstempel in der That.

In letzter Auflösung ist der Zeitungsstempel eine, und zwar wie sich sofort zeigen wird, empfindliche Geldstrafe auf das Lesen und Schreiben von Zeitungen, auf die Verbreitung und Erwerbung von Kenntnissen durch die Zeitung. Er beträgt bekanntlich für jedes politische Blatt in Oesterreich 1 Kreuzer pro Nummer und Exemplar. Das macht beim Tagblatt 8 fl. 60 kr. pro Abonnenten und Jahr. Nach mäßiger Schätzung nimmt man an, daß ein politisches Tagblatt, um sich einiger-maßen zu bilanzieren, mindestens 20.000 Abonnenten braucht. Das gibt einen Betrag von 72.000 fl. jährlich, gewiß keine exacte Berechnung, aber immerhin geeignet, eine annähernde Vorstellung von der Größe der Last zu geben, die in Form des Zeitungsstempels auf die Presse drückt. Diese Last fällt nicht allen Blättern gleich schwer. Auch über ihre Vertheilung kann man im einzelnen schwerlich etwas ganz Exactes sagen. Wohl aber ist es möglich, die allgemeinen Gesichtspunkte anzu-deuten, die für die Beurtheilung der wirtschaftlichen Wirkungen des Zeitungsstempels maßgebend sind. Ich theile zu diesem Zwecke die Zeitungen in drei Kategorien ein. Die erste bilden die großen, mit

viel Capital arbeitenden, theueren, auf das wohlhabende Publicum
berechneten Blätter. Diese haben ohnedies einen sehr bedeutenden
Spesenetat, in dem die, sagen wir, 72.000 fl. jährlicher Zeitungsstempel nicht so schwer ins Gewicht fallen, sie verfügen auch über
reichliche Einnahmsquellen anderer Art, man denke nur an die Inserate,
und sind deswegen kaum genöthigt, den Zeitungsstempel ganz oder
auch nur theilweise auf ihre Abonnenten zu überwälzen. Das Gleiche
gilt für die bei uns leider sehr verbreitete unehrliche Presse, die mit
Schweiggeldern, Texteinschaltungen u. s. w. arbeitet. Wenn ein Blatt
schon Schweiggelder nimmt — ob es da um die paar tausend Gulden
Zeitungsstempel jährlich mehr „schweigt" oder nicht, darauf kommt's
ihm dann schon nicht mehr an. Blätter vollends, welche die beiden
Reize — großcapitalistischen und corrupten Betrieb — vereinen, haben
es am leichtesten, deren Abonnenten brauchen sicherlich den Zeitungsstempel nicht zu tragen, diese Blätter wären auch ohne Zeitungsstempel
kaum billiger herzustellen. Anders bei der dritten Kategorie von
Zeitungen, der kleinen, ehrlichen Volkspresse, und den Kalendern,
die gleichfalls einem Stempel unterliegen, die Lectüre der allerwenigst
belesenen Volksschichten, insbesondere der ländlichen, bilden, deren
Stempel daher unter die gleichen Gesichtspunkte fällt wie der der
Volkspresse und auch ein für allemal im Verlauf dieser Betrachtung
im Zeitungsstempel miteinbegriffen gedacht wird. Für die volks-
thümliche Zeitungsliteratur, besonders wenn sie finanziell ehrlich
arbeitet, ist der Zeitungsstempel ein schweres Hemmnis der Entwicklung, oft eine unerschwingliche Last. Ein Betrag wie der früher
berechnete jährliche Zeitungsstempel von 72.000 fl. würde bei
einem billigen Volksblatte nicht nur den Reingewinn aufzehren, sondern
darüber hinausreichend allein schon genügen, um ein Deficit zu erzeugen. Die kleinen Blätter können also den Zeitungsstempel aus
Eigenem nicht tragen, sie müssen ihn auf die Abonnenten überwälzen,
das heißt den Abonnementspreis um den Stempelkreuzer erhöhen. Es
ist bei der Armut unserer Bevölkerung kein Zweifel, daß gerade dieser letzte
Kreuzer Viele verhindert, sich eine Zeitung zu halten. Die weite Verbreitung
des, wie mir scheint, in solchem Maße auch nur in Oesterreich üblichen
Subabonnements von Zeitungen auf der einen, die große Auflage der
paar ausnahmsweise vom Stempel befreiten Zeitungen auf der anderen
Seite deuten darauf hin. Der Zeitungsstempel ist sicherlich eine der wich-

tigsten Ursachen jener auffallenden Erscheinung, daß in Oesterreich die
kleinen Blätter relativ theuerer sind als die großen — was wieder der Ausbreitung und damit der Rentabilität der kleinen Schranken setzt. Nicht zum
mindesten aus dem Zeitungsstempel — wenn auch andere Ursachen mitspielen
— ist es zu erklären, daß wir keine so billige Tagespresse haben, als
z. B. Deutschland. In jeder größeren Stadt Deutschlands gibt es
ziemlich umfangreiche Tagesblätter, die nur 50 Pfennig — 30 Kreuzer
monatlich kosten. Bei uns in Wien kostet das billigste Tagesblatt
1 fl. 10 kr., fast viermal so viel, während unsere theueren Tagesblätter im Preise hinter denen Deutschlands zurückbleiben. Ebenso ist der
Zeitungsstempel mit eine der Ursachen, warum die populären Zeitungen bei
uns keine so großen Auflagen erreichen wie in anderen Ländern. Der
höchste bisherige Record, an Wochentagen wenigstens, ist bei uns 50.000
gewesen. Dagegen setzt z. B. der Berliner „Localanzeiger“ Tag für Tag
gegen 200.000 Exemplare ab. Oder ein anderer Vergleich: Die Auflage
sämmtlicher stempelpflichtiger Blätter in ganz Oesterreich beträgt, nach den
Ergebnissen des Zeitungsstempels berechnet, gegenwärtig etwa 5—600.000
pro Tag. Ein einziges Pariser Blatt, das „Petit Journal“, hat mit
seiner Millionenauflage allein schon ungefähr doppelt soviel als die
gesammte Tagespresse ganz Oesterreichs. Der Zeitungsverbrauch ist
ein sicherer Maßstab für höhere Cultur wenigstens, als selbst die Seife.

Der Zeitungsstempel begünstigt also die großen, die un-
ehrlichen Zeitungen zum Schaden der kleinen, ehrlichen Blätter. Er
fördert die großstädtische und hemmt die Provinz- und Localpresse.
Er besteuert endlich die armen Zeitungsconsumenten, die auch meist
die der Bildung bedürftigeren und der Aufklärung zugänglicheren sind,
und läßt die wohlhabenden Zeitungsleser frei, die ihn doch leichter
tragen könnten. So wirkt er antisocial, sowohl auf die Zeitungsunternehmungen selbst, wie auf deren Abnehmer. Er hindert endlich
noch jede Neuerung im Zeitungswesen, da er ein Schutz ist für
die alten gegenüber den neu entstehenden Blättern. Denn neue
Blätter müssen, um nur zunächst einmal ihren Namen bekannt zu
machen, viele Freiexemplare zur Propaganda versenden, und das kostet
an Stempeln allein schon ein Vermögen. Deswegen kommen auch
neue Blätter so selten und so schwer bei uns auf, und alte, zwölfmal
politisch discreditirte und dreizehnmal bankerott gewordene Blätter erhalten
sich am Leben und werden immer wieder neu angekauft und umge-

ftattet, weil jeder Zeitungsgründer sich scheut, das viele Geld auf die
Zeitungsstempel bei der Propaganda für ein neues Blatt hinauszu-
werfen. Endlich ist der Zeitungsstempel auch eine Begünstigung der
officiellen Regierungspresse gegenüber der privaten — denn die Re-
gierungsblätter, die officiellen, wie die „Wiener Zeitung", die „Prager
Zeitung" u. s. w. sind stempelfrei. So gebietet es das Gesetz. Aber
die Regierung geht mit jener kräftigen Initiative, die ihr bei besseren
Anlässen leider oft fehlt, in der Zeitungsstempelfreiheit für ihre Blätter
noch weiter. Gegen das Gesetz hat die Regierung auch zwei nicht-
officiellen, sondern officiösen Blättern in Prag, dem „Prager Abend-
blatt" und dem „Pražský denník", die Stempelfreiheit für deren ganze
Auflage verliehen. Diese Blätter kosten nur je 1 kr., eine unerhörte
Billigkeit, und gehören zu den meistverbreiteten Blättern der Mon-
archie. Das czechische Blatt, der „Pražský denník", wird sogar in
Zeitungsballen nach Wien in das Comptoir der „Wiener Zeitung"
gebracht, die dann das czechische Blatt unter der czechischen Bevölkerung in Wien verschleißen läßt. Diese Gesetzwidrigkeiten häufen Unrecht auf Unrecht. Aber wenn wir den Zeitungsstempel bloß in seiner
gesetzlichen Begrenzung nehmen, ist er schon an sich verwerflich genug.
Er ist nicht nur, weil volksbildungsfeindlich, anticulturell, er ist nicht nur,
wie gezeigt, antisocial, er ist schließlich auch industriefeindlich. Die
Regierungen thun in der Regel so ätherisch, die Presse nur von ihrer
spirituellen Seite aus zu betrachten, wenn die Wirkungen ihrer grob-
finanziellen Preßpolitik zur Erörterung kommen. Aber die Presse ist
auch ein materielles Gewerbe, das so gut wie jedes andere den
Schutz seiner Interessen von der Regierung erwarten darf. Eine
freie, stark verbreitete Presse bedeutet erhöhte Erzeugung und Verbrauch
von Papier, Druckerschwärze, Druckmaschinen, Gießereiproducten
u. s. w., reichliche, wohlbezahlte Beschäftigung für die intelligenteste
Schichte der Handarbeiter, als Schriftsetzer, und nicht minder für die
sonst politisch gefährlichste Gruppe der Bevölkerung: für die freie
Intelligenz. Indem der Zeitungsstempel mit sein gut Theil dazu bei-
trägt, den Gesammtverbrauch der Presse einzuschränken, schädigt er
nicht nur die spirituellen Interessen des Volkes, sondern auch die
materiellen Interessen mehrerer Industrien und bildet mit ein Stück in
dem ganzen System einer widersinnigen Intelligenzpolitik.

In allen wirtschaftlichen Beziehungen ist denn auch der Zeitungs-

ſtempel von der geſammten nationalötonomiſchen Wiſſenſchaft einſtimmig
verworfen worden. Er iſt aber politiſch geradezu eine Monſtroſität in einem Lande, in dem ein Artikel der Staatsgrundgeſetze lautet:
„Jedermann hat das Recht, durch Wort, Schrift und Druck ſeine
Meinung frei zu äußern.“ Dieſes, wie man ſagt, ſtaatsgrundgeſetzlich
gewährleiſtete Recht wird, ſoweit die Preſſe in Betracht kommt, ſehr
illuſoriſch, wenn auf die Ausübung dieſes Rechtes eine Steuer von
jener Schwere und Ungerechtigkeit gelegt wird, die ich Ihnen am
Zeitungsſtempel nachgewieſen habe. Nehmen Sie an, man thäte es ebenſo
mit der Rede- oder Verſammlungsfreiheit. Die Regierung würde etwa
ſagen: die Verſammlungsfreiheit habt Ihr, aber wer zu einer Ver-
ſammlung geht, der zahlt 1 fl. Strafe. Das wäre nun ſicherlich eine
unmögliche politiſche Monſtroſität, und doch iſt dieſer von mir con-
ſtruirte Fall nichts als ein Analogon zum Zeitungsſtempel, und
dazu noch, da Zeitungen Leſen viel bringenderes Bedürfnis als Ver-
ſammlungen Beſuchen iſt, ein ſchwaches Analogon. Der Zeitungsſtempel
iſt noch verwerflicher, als eine ſolche gedachte Verſammlungsſteuer es ſein
könnte. Er hat nur den Vorzug, — der ja im Steuerweſen alles
ſchlägt — daß der Zeitungsſtempel nicht ſo durchſichtig, nicht ſo zu-
bringlich iſt als eine ſolche Verſammlungsſteuer, daß es einigen Nachdenkens bedarf, um ihn in ſeinem Weſen zu erkennen als das, was er
iſt: eine Strafe auf das Zeitungsleſen und -ſchreiben.

Für die Aufrichtigkeit jenes Liberalismus, der an der Wiege
unſerer Verfaſſung ſtand, iſt kaum etwas noch ſo charakteriſtiſch als
dieſe Preßfreiheit mit dem Zeitungsſtempel an der Spitze der Blätter.
Wie man's macht, wenn man ehrliche Preßfreiheit will, das haben die
Männer bewieſen, welche 1849 die Kremſierer Verfaſſung entworfen.
Dieſe beſtimmte in ihrem Preßartikel ausdrücklich, daß die Preſſe
auch nicht durch „Staatsauflagen“ beſchränkt werden dürfe. Damit
war der Zeitungsſtempel von ſelbſt ausgeſchloſſen. Anders die 1867er
Verfaſſung. In dieſer iſt das Verbot der Staatsauflagen auf die Preſſe
ſorgfältig ausgelaſſen worden, der Zeitungsſtempel iſt neben der Verfaſſung beſtehen geblieben und hat ſich als lebensfähiger bewährt wie
dieſe. Im Laufe der Jahre ſind zahlreiche Petitionen gegen den
Zeitungsſtempel, insbeſondere auch von Journaliſten- und Typographen-
vereinen, an das Abgeordnetenhaus gerichtet worden, über die Abſchaffung
des Zeitungsſtempels iſt im Abgeordnetenhauſe oft genug debattirt

und refolviert worden. Aber es hat alles nichts genützt. Den besten Einblick in die Art, wie der Zeitungsstempel immer wieder bekämpft und doch immer wieder conserviert wurde, bietet die Debatte des Abgeordnetenhauses im Jahre 1874. Männer aller Parteien haben die Aufhebung dieser von der Wissenschaft einstimmig verurtheilten Intelligenz- oder auch Dummheitssteuer verlangt — aber der Finanzminister war dagegen, und die Regierung hat auch damals schon ihre verläßlichen Mamelufen gehabt, welche den die Abschaffung des Zeitungsstempels bezweckenden Gesetzentwurf schließlich nicht durch Argumente, sondern durch das Gewicht ihrer Stimmenzahl zu Falle brachten. Schon der Finanzminister des damaligen liberalen Krach-Ministeriums, Herr Baron De Pretis, entzog sich jeder Erörterung über die eigentliche, die preßpolizeiliche Bedeutung des Zeitungsstempels und beschränkte sich in strenger Ressortsimpelei darauf, zu erklären, daß er die Einnahme aus dem Zeitungsstempel im Budget nicht entbehren könne, solange dafür nicht anderweitig Ersatz getroffen sei, und daß die Abschaffung des Zeitungsstempels nicht möglich sei, ehe nicht die allgemeine Steuerreform durchgeführt würde — eine Ausflucht, in der er von dem gewesenen liberalen Musterfinanzminister, dem damaligen Abgeordneten Dr. Brestel, kräftigst unterstützt wurde. Seither sind Millionen und abermals Millionen neuer Steuern in Oesterreich eingeführt worden, es ist reich Ersatz geschaffen worden für den Zeitungsstempel. Aber der Zeitungsstempel ist nicht aufgehoben worden. Längst ist das Defizit aus dem Budget verschwunden. Aber der Zeitungsstempel ist geblieben. Sogar die von Herrn De Pretis 1874 verlangte allgemeine Steuerreform ist in diesem Jahr vollendet worden. Aber der Zeitungsstempel wird aufrecht erhalten. Trotz der gründlichen Aenderung aller in Betracht kommenden Verhältnisse haben sich noch immer alle Finanzminister seither, mit ihnen der „liberale" Finanzminister der Coalition, Herr Dr. v. Plener, des Argumentes von De Pretis bedient, daß sie die Einnahme nicht entbehren können, als ob seit 1874 im Budget sich so ganz und gar nichts geändert hätte. Das finanzministerielle Argument ist in der That nichts als ein Vorwand, um den Zeitungsstempel zu behalten, nicht um der Finanzen, sondern um der reactionären Preßpolizei willen. 1860 betrugen die Einnahmen aus dem Zeitungsstempel 446.000 fl., 1878 zur Zeit des Herrn De Pretis 905.000 fl., heute im Präliminare für 1897 1,700.000 fl., im Rechnungsabschluß für 1895: 2,096.000 fl. Man sieht, das Ertrilgnis des Zeitungsstempels steigt von Jahr zu Jahr. Wenn man die Ausrede der Finanzminister gelten ließe, kämen wir nie dazu, den Zeitungsstempel abzuschaffen, im Gegentheil, da er mit jedem Jahr fiscalisch werthvoller wird, würde er sich mit jedem Jahr nur noch mehr befestigen — ein beneidenswerter alter Herr, der von Jahr zu Jahr lebenskräftiger wird.

In der That ist denn auch das immer wiederkehrende finanzielle Argument der Finanzminister für den Zeitungsstempel gar nicht haltbar. Es ist wohl wahr, daß der Zeitungsstempel dem Staat Einnahmen bringt. Aber es gibt Einnahmen, die man aus moralischen Gründen verschmähen muß, für den Staat wie für den Privatmann. Der Zeitungsstempel ist eine solche unmoralische Einnahme. Denn er besteuert die Intelligenz, das Wißbedürfnis der Bevölkerung. Er ist aber auch — von der Moral ganz abgesehen — steuerpolitisch widersinnig. Denn er hemmt die Entwicklung der Presse, d. i. eines sehr wichtigen Zweiges der industriellen Production, und entzieht damit dem Staate Steuerobjecte, die ihm im Laufe der Zeit einen weit größeren Ertrag bringen würden als der Zeitungsstempel. Mit anderen Worten: Würde der Zeitungsstempel aufgehoben, so würde die Presse an Ausbreitung gewinnen, Zeitungsunternehmungen, Druckereien, Papierfabriken hätten mehr zu thun, würden auch mehr Steuer zahlen. Der Zeitungsstempel wie jede irrationelle Steuer schränkt die Production ein, tödtet — um mich eines populären Vergleiches zu bedienen — die Henne, welche die goldenen Eier legt. Gerade Nationalökonomen, und insbesondere Finanzminister, sollten ihre intellectuelle Reputation denn doch zu hoch halten, um solch steuerpolitischen Widersinn, wie der Zeitungsstempel einer ist, öffentlich zu vertreten. Wollen sie den Zeitungsstempel nicht aufheben, so sollen sie uns doch auch den wahren Grund dafür angeben. Wenn sie die Wahrheit nicht zu bekennen wagen, umso schlechter für sie und ihren Zeitungsstempel. Dies zeigt, daß der Zeitungsstempel auch vor ihrem Gewissen gerichtet ist.

Darüber ist insbesondere bei dem gegenwärtigen Finanzminister Herrn v. Bilinski ein Zweifel nicht möglich. Er selbst hat jüngst auf eine Anfrage des Professors Kaizl erklärt, daß er persönlich gegen den Zeitungsstempel ist, nur könne er — siehe den Ahnen De Pretis! — die Einnahme daraus nicht entbehren. Herr Prof. Kaizl hat sich mit dieser stereotypen Antwort auch diesmal befriedigt. Und doch

hätte er gerade jetzt dem Finanzminister den Weg für diese Ausflucht ver-
stellen können. Vor wenigen Monaten hat das Abgeordnetenhaus zu Nutz und
Frommen der Zuckermillionäre eine höchst obiose Erhöhung der Zucker-
steuer bewilligt, welche dem Staat circa zwei Millionen Gulden
jährlich tragen wird. Die soll man verwenden, um den Entgang an
Zeitungsstempel zu decken. Bleiben ja den Herren dabei noch immer
circa 800.000 fl. Superplus übrig. Herr v. Bilinski prognosticiert
überdies dem Staate für das Jahr 1897 einen Gebarungsüberschuß
von 16 Millionen Gulden. Da hätte man noch eine viel reichlichere
Hilfsquelle. Uebrigens, Herr v. Bilinski klagt, daß er die 1,700.000
Gulden Zeitungsstempel in seinem Budget nicht entbehren könne.
Der Casus ist wirklich heiter. Seit der durch Herrn v. Bilinski
erfolgten Einführung des ingeniösen Investitionsbudgets ist
ja doch — Gott und Herr v. Bilinski seien gelobt! — kein Deficit mehr
im österreichischen Staatshaushalt möglich. Hat Herr v. Bilinski schon
25 Millionen Gulden Ausgaben aus dem ordentlichen ins Investitions-
budget abgeschoben, um das ordentliche Budget, des guten Scheins
wegen, zu bilanzieren, so schiebe er freundlichst noch die Kleinigkeit
von 1,700.000 Gulden dazu, und er kann den Zeitungsstempel ruhig
abschaffen und das ordentliche Budget wird ohne ihn genau so schön
aussehen, als jetzt mit ihm, vielleicht sogar schöner.

Ich glaube, daß gegenwärtig wirklich endlich einmal der Zeitpunkt gekommen ist, um den Zeitungsstempel loszuwerden. Nur
muß freilich eine andere Kampfmethode angewendet werden als
die bisher beliebte, die in zwanzigjähriger Praxis ihre Untaug-
lichkeit ausreichend erwiesen hat. Der jungczechische Abgeordnete
Dr. Pacak hat vor zwei Jahren, in der Zeit allerdings, wo die
Jungczechen noch eine stramme Oppositionspartei waren, einen Antrag
auf Abschaffung des Zeitungsstempels gestellt. Dieser Antrag wurde
dem Preßausschusse zugewiesen, an dessen Spitze der Abgeordnete der
Inneren Stadt Wien Herr Dr. Kopp steht. Herr Dr. Kopp hat
schon im Jahre 1874 im Abgeordnetenhause rühmlich gegen den
Zeitungsstempel votiert. Man sollte also meinen, daß der Antrag
Pacak in seinen Händen am besten aufbewahrt ist. Leider ist dem aber
nicht so. Der Grund ist einfach: Während der Zeitungsstempel, wie bereits bemerkt, ein alter Herr ist, der von Jahr zu Jahr immer lebenskräftiger wird, ist Herr Dr. Kopp ein alter Herr, der von Jahr zu Jahr

immer untüchtiger wird. Und so ist es begreiflich, daß der Kampf des Herrn Dr. Kopp gegen den Zeitungsstempel auf die Dauer zu Ungunsten des Dr. Kopp und zu Gunsten des Zeitungsstempels ausgehen muß. Im vorigen Jahre schon hat der liberale Herr Dr. Kopp die Schande erleben müssen, daß ihn ein cl e r i c a l e r Abgeordneter, Herr T h u r n h e r, an seine Pflichten bezüglich des Antrages Pacal erinnerte. Damals entschuldigte sich Herr Dr. Kopp damit, daß das Ministerium Badeni noch zu kurz im Amte sei, als daß man es schon mit dem Zeitungsstempel behelligen dürfte. Seither ist ein Jahr vergangen, Herr Dr. Kopp hat sich nicht gerührt. Am vorigen Montag interpellirte ihn der Abg. Thurnher abermals wegen des Zeitungsstempels. Was antwortete Herr Dr. Kopp? Der Ausschuß habe die Regierung um ihre Meinung gefragt und warte noch immer auf deren Antwort. Ja, wenn unsere Abgeordneten, wie Herr Dr. Kopp auf seine alten Tage sich's denkt, nur dazu da sind, um zu warten, bis die Regierung was thut, dann brauchen wir keine Abgeordneten. Die Antwort, auf die Herr Dr. Kopp wartet, hat der Finanzminister übrigens, wenigstens was den Zeitungsstempel angeht, bereits vor einigen Wochen abgegeben, allerdings nicht im Preß-, sondern im Budgetausschuß, auf die Anfrage des Prof. Kaizl, wie bereits erwähnt — dieselbe Antwort, die übrigens Herr Dr. Kopp schon anno 1874 von Dr Petris gehört hat, ohne sich dadurch behindern zu lassen, gegen den Zeitungsstempel zu stimmen. Diese Antwort des Herrn v. Bilinski ist vor Wochen schon in allen Zeitungen zu lesen gewesen. Nur Herr Dr. Kopp scheint sie nicht gelesen zu haben. Liest Herr Dr. Kopp die Zeitungen nicht? Man möchte fast meinen. In diesem Fall verdiente er jedenfalls als eine österreichische Eigenthümlichkeit registriert zu werden: ein Obmann des Preßausschusses, der keine Zeitungen liest!

Wenn an der Abschaffung des Zeitungsstempels mit dem Feuereifer weiter gearbeitet wird, den Herr Dr. Kopp in diesen zwei Jahren seit dem Antrag Pacal an den Tag gelegt hat, dann kann es allerdings so werden, daß uns noch einmal mit der Aufhebung des Zeitungsstempels die Türkei zuvorkommt. Aber ich glaube, wir sollten damit weder auf die türkische Regierung warten noch auf die Badenische. Gerade der gegenwärtige Zeitpunkt scheint mir günstig. Die Regierung befindet sich in einer Nothlage. Sie muß das Budget rascher als je durch-

2*

bringen, wenn ihr Leben ihr lieb ist. Das ist der Moment, wo das Abgeordnetenhaus eine Pression ausüben kann mit der Aussicht auf Erfolg.
Es mag ja, moralisch genommen, nicht schön sein, auf die Regierung
durch Pressionen wirken zu wollen. Aber es ist derzeit bei uns nicht
anders möglich. Parlamentarische Regierungen haben ihre Ueberzeu-
gungen, durch die sie gebunden sind. Gegen eine unparlamen-
tarische, programmlose Regierung gibt es kein anderes Mittel als die
nackte finanzielle Strangulierungsgewalt des Parlaments, in jenen
psychologischen Augenbliden, wenn eine Regierung ihren Kopf in die
Schlinge gesteckt hat. Solch ein Moment ist jetzt da, und er muß
von den Abgeordneten benützt werden. Die Regierung muß ein ordent-
liches Lösegeld bezahlen, wenn sie aus dieser Schlinge heraus will, und
den besten Gegenstand eines solchen Lösegeldes kann u. a. der Zeitungsstempel bilden. Das Abgeordnetenhaus braucht nur einfach, ehe die
Budgetberathung zur Post Zeitungsstempel gelangt, den (im Anhang abgedruckten) Antrag Pacak anzunehmen und dann in aller Seelenruhe
die Budgetpost Zeitungsstempel aus dem Budget zu streichen. Allerdings beides zusammen — Antrag Pacak und Zeitungsstempel-
Streichung; denn den Zeitungsstempel aus dem Budget zu streichen,
ohne den Antrag Pacak anzunehmen, würde einen Conflict der Gesetze
heraufbeschwören, in dem voraussichtlich die Regierung schließlich mit
dem Zeitungsstempel Recht behielte. Wenn das Abgeordnetenhaus
Beides rechtzeitig thut, dann ist allerdings der alte Zeitungsstempel
auf eine anerkennenswert rasche und schmerzlose Weise vom Leben zum
Tode befördert. Herr v. Bilinski wird wohl darob ein wenig greinen.
Aber worüber hätte Herr v. Bilinski nicht schon gegreint! Und doch
hat sich das Ministerium Badeni noch immer lobenswert gefügt, so oft
das Abgeordnetenhaus einen entschiedenen Willen gezeigt hat. Es hat
sich gefügt, als das Abgeordnetenhaus gegen seinen Willen 2½ Mill.
Grundsteuernachlaß für die armen Latifundienbesitzer bewilligte, es hat
sich gefügt, als das Abgeordnetenhaus gegen seinen Willen den Antrag
Bareuther für die 5. Curie annahm, es wird sich auch fügen, wenn
das Abgeordnetenhaus jetzt gegen den Willen der Regierung den
Zeitungsstempel abschafft. Das Ministerium muß sich sogar diesmal
fügen. Denn wenn das Abgeordnetenhaus einmal den Zeitungsstempel
aus dem Budget gestrichen hat, könnte nur noch das Herrenhaus ihn
restituieren, dann gienge aber das ganze Budget nochmals an das Ab-

geordnetenhaus zurück, und darüber verstreicht die Frist, innerhalb deren das Ministerium Badeni entweder das Budget fertiggestellt haben muß oder seine Existenz verthan hat. Wegen 1,700.000 fl. wird Graf Badeni seine staatsmännische Carrière sich nicht verpfuschen lassen. Seinen staatsmännischen Ruhm wird Graf Badeni dem Fiscus auch noch gern die schäbige Million und 700.000 Gulden kosten lassen.

Das Colportageverbot.

Ob die Zeitungs-Colportage auch in der Türkei verboten ist, könnte ich im Augenblicke nicht sagen. Sicher ist aber, daß das Colportageverbot in seinen Wirkungen gar manche Aehnlichkeit hat mit dem Zeitungsstempel, wenn jene auch thatsächlich nicht so tief greifen wie die des Stempels. Die freie Colportage ist gleichfalls überwiegend nicht ein Bedürfniß der großen, auf die oberen Schichten der Bevölkerung berechneten Zeitungen, denn deren Leser wissen selbst, wo sie ihre geistige Nahrung hernehmen sollen, und sind auch leicht in der Lage, Abonnements für längere Zeiträume (Monate, Quartale) einzugehen. Das Colportageverbot schadet hauptsächlich den kleinen, für die breiten Massen bestimmten Blättern, die eine Art Zwischenglied zwischen Analphabeten und lesebedürftigen Intelligenzmenschen bilden, deren Lesebedürfniß, noch latent, erst geweckt werden, durch Darbietung einer reichlichen Auswahl von Lesestoff in die passende Richtung geleitet werden muß. Es schadet den Zeitungen in der Stadt größtentheils durch die Verhinderung des Straßenverkaufes, auf dem Lande mehr durch die Verhinderung des Hausierverkaufes, und der politischen Agitation im allgemeinen durch die Verhinderung der Vertheilung von Flugschriften. Es schadet ganz besonders den neu auffommenden Blättern, deren Propaganda es wesentlich erschwert. Die Colportage ist für die Zeitungen ein Mittel pour forcer la consommation, und da der Staat auch anderen ehrlichen Gewerben die Erweiterung des Absatzes ihrer Waren durch die angemessene Art der Offerierung derselben nicht verbietet, ist es ein specielles Unrecht, das dem Preßgewerbe zugefügt wird, wenn gerade ihm ausnahmsweise in dem Bestreben nach Vergrößerung der Kundschaft regierungsseitige Hindernisse in den Weg gelegt werden. Der eigenthümliche materiell-spirituelle Charakter des Preßgewerbes verdoppelt und verdreifacht dieses Unrecht, denn das Colportageverbot beschränkt nicht

nur die Entwicklung der industriellen Thätigkeit, sondern auch die
Verbreitung von Wissen und Anregungen und damit die geistige, insbesondere die politische Erziehung des Volkes. Neben der Schule
ist heute die Presse und insbesondere das Zeitungswesen das ge-
waltigste Volksbildungsmittel: die Schule für die Kinder, die Presse
für die Erwachsenen! Je reifer ein Einzelner, ein Volk in geistig-
politischer Beziehung ist, desto mehr überwiegt der Antheil der Presse
an der geistigen Ausbildung den primitiven Antheil der Schule.
Welcher Widersinn, den kleinen Kindern den Schulzwang aufzuerlegen
und es dann den Erwachsenen durch Zeitungsstempel, Colportageverbot u. s. soviel als möglich zu erschweren, die in der Schule
erlernten Formalien im Leben zur selbständigen Weiterbildung durch
die Lectüre praktisch zu verwerten! Die bei Recrutenaushebungen in
Oesterreich wiederholt constatierte Thatsache, daß die Leute im praktischen
Leben das bischen, was sie in der Schule gelernt haben, wieder
zu vergessen anfangen, offenbar weil der Faden der geistigen Erziehung
mit dem Ende der Schulpflicht abreißt, dieser traurige Mißerfolg des
Schulunterrichtes ist das Ergebnis jenes Widersinns. Was an Preß-
erzeugnissen unter diesen Verhältnissen noch in die entlegensten Dörfer
bequem eindringen kann, ist ungemein kennzeichnend für die österreichische Intelligenzpolitik; nämlich außer Schulbüchern nur noch
clericale Literatur: Kalender, Heiligenbilder, Gebete, Gebetbücher,
Bibeln, für deren Vertrieb das Preßgesetz (§ 8, Abs. 3) wie die
Gewerbeordnung (§ 21) besondere Erleichterungen geschaffen haben. Der
Rest, insbesondere für die kleinen Leute in den Städten, ist Schundroman-
literatur, deren Colportage von Haus zu Haus von der Staatsverwaltung
mit wohlwollender Neutralität gelitten wird. Man gründet jetzt Volks-
bildungsvereine, Arbeiterakademien, Volksuniversitätscurse, alles Mittel zur
populären Verbreitung höherer Bildung durch das gesprochene Wort.
Aber man thut nichts für das weit wirksamere Volksbildungsmittel des
geschriebenen Wortes, der guten Volkspresse. Der österreichische Liberalismus hat, indem er die freie Schule schuf und gleichzeitig, neben dem
Zeitungsstempel, das reactionäre Colportageverbot für Drucksachen auf-
rechthielt, der Halbheit seines Wollens ein würdiges Denkmal gesetzt.

Die Colportage — auch „fliegender Buchhandel" genannt —
d. i., allgemein gefaßt: „der Vertrieb von Druckschriften außerhalb
fester Betriebsstätten" (Glötz) ist ein offenbares dringendes Bedürfnis

des Preßgewerbes. Der fliegende Buchhandel existiert (auf deutschem Boden) ungefähr ebensolang, als es eine Buchdruckerkunst und ein Preßgewerbe überhaupt gibt. Alle die (vom 16. Jahrhundert an schon nachweisbaren) Verfolgungen, denen er von Seite der Buchhändlerzünfte ausgesetzt war, die schweren Strafen, die immer wieder den „Landfahrern" angedroht wurden, den „Frälern", „Kragenträgern", „Staubelweibern", „Lausern", und wie sonst die wohlklingenden Benennungen der Colporteure (der crieurs et vendeurs der späteren französischen Gesetzgebung) zu jener Zeit in Oesterreich lauteten, konnten die Colportage nicht vollständig unterdrücken. Erst die Revolution, im März 1848, gab sie frei, und während jenes Sommers 1848 hatte Wien Gelegenheit, den großen Erfolg des Straßenverkaufes der Zeitungen zu beobachten. Einmal und nicht wieder. Schon im December 1848 war die Reaction stark genug, um die Colportage neuerdings zu verbieten. Dieses Verbot ist dann getreulich von allen folgenden Preß- und Strafgesetznovellen übernommen worden, zuletzt von dem 1862er Preßgesetz, § 23. Die Verfassung von 1867 brachte die (nominelle) Preßfreiheit, die Gewerbeordnung von 1859 die Gewerbefreiheit: aber das Colportageverbot, das mit beiden in Widerspruch stand, wurde wohlweislich beibehalten — ein Kind des Zunftgeistes und der politischen Reaction, das seine Erzeuger bis auf den heutigen Tag überlebt hat. Daß das Colportageverbot mit der 1867 gewährten Preßfreiheit nicht vereinbar ist, lag so klar auf der Hand, daß das Abgeordnetenhaus bei der Beratung des Preßgesetzes von 1863 den betreffenden Paragraphen (§ 23) einfach strich. Doch ist dieser Beschluß des Abgeordnetenhauses nicht Gesetz geworden. Die Regierung hat sich dagegen gesträubt, und Regierung war niemand Geringerer als der Führer der liberalen Partei, Dr. Herbst, der damals im Bürgerministerium den Posten eines Justizministers innehatte. Er war es, der sich gegen die Aufhebung des Colportageverbotes einsetzte, und sehr belehrend für die Erkenntnis unserer österreichischen Abart von Liberalismus ist es, zu sehen, mit welchen Gründen er für das Colportageverbot stritt. Selbstverständlich — darin stimmt die Analogie mit Herrn von Plener beim Zeitungsstempel vollkommen — verheimlichte er den wahren und einzigen Grund: die Angst des Liberalismus vor der Volksbildung überhaupt und vor der Volkspresse insbesondere. Für die eine Bestimmung des § 23, wonach das Abonnentensammeln nur Personen gestattet ist, die

einen polizeilichen Erlaubnißschein haben, machte der große Jurist die
Befürchtung geltend, daß „sonst der Betrügerei Thür und Thor ge-
öffnet würde", da dann Leute Abonnementsgelder eincassieren könnten,
die von der Verwaltung der betreffenden Zeitung dazu gar nicht er-
mächtigt wären. Der scharfsinnige Criminalist hat dabei nur übersehen, daß zu dem von ihm gemeinten Zweck Legitimationen vollständig genügen würden, welche nicht von der Polizei, sondern von
der Verwaltung der betreffenden Zeitung ausgestellt würden. Mit demselben Rechte müßte die Gesetzgebung auch anordnen, daß der
Schuster oder Schneider oder Buchbinder seine Rechnungen nur durch
behördlich concessionierte Ausläufer eincassieren lassen dürfte, ein Unsinn, an den dem doch noch nie ein Gesetzgeber gedacht hat. Warum
soll die vortreffliche Polizei gerade nur die Zeitungseigenthümer gegen
Schwindler schützen? Und noch dazu im gelobten Zeitalter des
laisser faire! Das von Dr. Herbst zur Schau getragene besondere Wohlwollen für die Presse ist schon durch seine sinnlose
Uebertreibung verdächtig. Von einer ähnlichen Art von falschem Wohlwollen sind auch die Worte durchdrungen, mit denen Dr. Herbst das
Verbot des Straßenverkaufes und des Hausierens mit Zeitungen be-
gründete. Er sagte: „Es würde dies nicht einmal im Interesse der
b e d e u t e n d e r e n   J o u r n a l i s t i k (!) liegen und würde vielmehr
die Besorgniß eintreten, daß es mit dem, ich möchte sagen, berechtigten
Ansehen und der Würde der Journalistik nicht recht vereinbar wäre,
wenn die Zeitungen auch auf öffentlicher Straße zum Verkaufe an-
geboten werden." Das ist denn doch etwas zu nobel gedacht von den
Zeitungen. Die richtige Consequenz wäre, daß man Zeitungen überhaupt für schmutziges Geld nicht feilhalten sollte. Dann könnte man
es allerdings nur Fideicommißbesitzern empfehlen, Zeitungen zu
schreiben und drucken zu lassen. Seine Waare ehrlich an den Mann zu
bringen, ist keine Schande. Das hätte ein Vertreter des arbeitenden
Bürgerthums wie Dr. Herbst nie vergessen dürfen. Noch crasser drückte
denselben Gedanken damals der Berichterstatter Dr. Ritter v. W a s e r,
auch einer der sieben Weisen des österreichischen Liberalismus, aus: „Ich
möchte sagen, das Hausieren mit Druckschriften ist sogar unanständig
für b e s s e r e   J o u r n a l e (!) und kann nur für solche Erzeugnisse der
Presse getrieben werden, welche sich scheuen, auf dem gewöhnlichen Wege
vertrieben zu werden." Nun, man gehe nach Berlin, nach Paris, nach

London, New-York oder, noch näher, auch nur nach Budapest — in allen
Großstädten der civilisirten Welt werden Zeitungen frei auf der Straße
verkauft, und niemand findet darin etwas Unanständiges, niemand
hat dabei Anlaß, sich zu schämen — Oesterreich ausgenommen,
das — Dank dem Chinesenthum seiner Liberalen — dieser Colportagefreiheit noch immer entbehrt. Die „bedeutendere Journalistik" des
Dr. Herbst und die „besseren Journale" des Dr. v. Waser haben
seither reichlich gezeigt, daß nicht in der Colportage die journalistische
Unanständigkeit liegt, sondern in ganz anderen Dingen, in der finanziellen und politischen Corruption, die es allerdings einem solchen
„besseren" Journal gestattet, auf das Recht des Straßenverkaufes, wie
überhaupt auf die Vermehrung der legitimen Einnahmen, vornehm zu
verzichten. Dieses Argument ist denn auch im Laufe der Zeiten von
den Regierungen fallen gelassen worden, und jetzt ist nur mehr ein
einziges kleines Argumentchen noch gegen das Colportageverbot in
Cours, welches auch 1894 vom damaligen Minister des Innern,
Marquis Bacquehem, dem Abgeordnetenhause vorgelegt wurde.
Dieser ängstliche Mann befürchtete, daß die Colportagefreiheit benützt
werden könnte, um unzüchtige Bilder und Schriften unters Volk zu
bringen. Allerdings, Mißbrauch ist auch bei der Colportage möglich
wie bei jeder anderen Einrichtung. Aber gegen solche Mißbräuche haben
wir ja die Polizei. Uebrigens weiß man, daß gerade unzüchtige Bilder
und Schriften die offene Straße meiden und sich vornehmlich in ge-
wisse elegante Stabläden flüchten, wo die feine Gesellschaft verkehrt. Das
hätte auch der Herr Marquis Bacquehem wissen können. Die ministerielle
Theorie des Colportageverbotes steht außerdem noch in unlösbarem Widerspruch zu der ministeriellen Theorie vom Zeitungsstempel. Beim Zeitungsstempel heißt's: „Wir brauchen die Stempeleinnahmen, je mehr desto
besser, und sonst kümmert uns nichts." Wenn das wahr wäre, dann
müßten die Herren zu allererst die Colportage freigeben, die den Absatz
der Zeitungen und damit das Erträgnis des Zeitungsstempels nicht
unwesentlich steigern würde. Es wäre kaum der Mühe wert, die verschiedenen ministeriellen Beweisgründe ernstlich zu widerlegen, wenn
nicht, um zu zeigen, mit wie geringem Aufwand an Geist sich in Oesterreich
regieren, sich in Oesterreich ein Menschenalter hindurch Einrichtungen bewahren lassen, die heute in jedem anderen civilisirten Lande jeden, der
sie zu vertheidigen unternähme, dem öffentlichen Gespötte aussetzen würden.

Wenn schon mit dem Aufkommen der Buchdruckerkunst der „fliegende Buchhandel" bereits sich entwickelte, so ist er mit der gewaltigen Ausgestaltung des Preßwesens, insbesondere des Zeitungswesens in unserer Zeit geradezu unentbehrlich geworden. Das Colportageverbot — wie wir den § 23, Abs. 1 des Preßgesetzes hier kurzweg nennen — läßt sich denn auch im modernen Verkehr praktisch gar nicht mehr vollständig durchführen. Es besteht zum weitaus größeren Theil nur noch formell zu Recht, trost der zahllosen Uebertretungen, die es erdulden muß. Die ganze boshaft chicanöse Ausdehnung, welche die reactionäre österreichische Gesetzgebung, anscheinend ohne die geringste Kenntniß der thatsächlichen Bedürfnisse des Zeitungsgewerbes, dem sogenannten Colportageverbot gegeben hat, ist dem modernen öffentlichen Bewußtsein so gänzlich fremd geworden, daß es einigen Nachdenkens bedarf, um sie völlig zu ermessen. Der 1. Absatz des § 23 Pr.-G. sagt wörtlich: „Das Hausieren mit Druckschriften, das Ausrufen, Vertheilen (NB. auch das unentgeltliche und nicht gewerbsmäßige Vertheilen) und Feilbieten derselben außerhalb der hiezu ordnungsmäßig bestimmten Localitäten und das Sammeln von Pränumeranten oder Subscribenten durch Personen, welche nicht mit einem hiezu von der Sicherheitsbehörde besonders ausgestellten Erlaubnißschein versehen sind, ist verboten" — und droht für den Fall der Uebertretung dieses Verbotes eine Geldstrafe von fünf bis zweihundert Gulden an. Dieser Kautschuk-Paragraph wird nur einigermaßen dadurch gemildert, daß zufällig, von Tabakregie wegen, k. k. Tabaktrafiken allenthalben bestehen, welche neben den eigenen Expeditions-Localitäten der Zeitungen und den Läden von Buch-, Zeitungs- und Papierhändlern, als „ordnungsmäßige Localitäten" zur Vertheilung von Zeitungen angesehen werden, als welche nach einer Obersgerichtlichen Entscheidung aus dem Jahre 1870 nur preßgewerblich concessionirte Geschäftsläden zu gelten haben. Nach dem strengen Wortlaute des Gesetzes dürfte man nur in den eigenen Zeitungsexpeditionen, Buch-, Zeitungs- und Papierläden, sowie den Tabaktrafiken Zeitungen vertheilen, aber ja nicht in einer anderen Localität, geschweige denn außerhalb jeder Localität. Und nun frage ich Sie: Sie alle sind wohl Zeitungsabonnenten; wie erhalten Sie Ihre Zeitungen zugestellt? Laufen Sie jeden Tag zweimal in die Trafik, um sich Ihre Zeitung zu holen? Nein, eine Zeitungsausträgerin bringt sie Ihnen täglich ins Haus, legt sie an der Schwelle Ihrer Thür nieder oder klemmt fie in die Thürklinke ein. Und das gleiche thut fie bei Ihren Nachbar links, rechts, oben, unten. Wo geschieht diese Vertheilung? Zweifellos **außerhalb** jeder „ordnungsmäßigen Localität"! Die Zeitungs-austrägerin lebt davon, daß fie das thut, was § 23 Pr.-G. ver-bietet, daß fie die Zeitungen, um den gesetzlichen Ausdruck zu wieder-holen, „außerhalb der hiezu ordnungsmäßig bestimmten Localitäten vertheilt". Noch weiter: Sie erhalten vielleicht auch auswärtige Blätter, Wochen-, Monatschriften in Ihre Wohnung zugestellt, welche ja ohne Zweifel nicht als eine der „ordnungsmäßigen Localitäten" gelten kann. Das geschieht überhaupt nicht durch Zeitungsausträger. Wissen Sie, wer da die Uebertreter des § 23, Abf. 1, find? Die k. k. Briefträger! Und die Briefträger müssen es thun, aus dem einfachen Grunde, weil das Postgesetz, das Staatsrecht und die völkerrechtlichen Postverträge es ihnen gebieten. Bei der Concipierung des Colportageverbotes haben die umsichtigen Gesetzgeber nicht nur an die Bedürfnisse des Zeitungs-betriebes, sondern auch an die öffentlich rechtlichen Pflichten des Postbetriebes vergessen. Nur im Vorbeigehen fei noch bemerkt, daß nach dem rigorofen Wortsim auch die Buchhandlungsdiener, welche den Kunden periodische Druckschriften, z. B. die „Fliegenden Blätter", ins Haus tragen, streng genommen, Uebertreter des Colportageverbotes find. Nicht nur übrigens auf Zeitungen und periodische Druckschriften überhaupt bezieht fich das Verbot des § 23, Abf. 1, sondern auch auf geschäftliche An-kündigungen. Was man oft an Straßenecken beobachten kann, daß — sonst ganz gleichgiltige — Geschäftszettel — etwa über Eröffnung oder Uebersiedlung eines Ladens — unter die Vorübergehenden vertheilt werden, auch das ist durch § 23, Abf. 1, verboten. Und doch geschieht's, und damit es geschehen könne, hat fich sogar in einem Falle, wo irgend Einer wegen dieses schweren Delictes von den hohen Behörden verfolgt wurde, der Oberste Gerichtshof im Jahre 1887 gnädigst gesehen, in einer besondern Entscheidung durch eine besondere Gesetzes-interpretation wenigstens diese geschäftlichen Anzeigen vom Colportage-verbot ausdrücklich auszuschließen. Welche Interpretation — den guten Willen des Obersten Gerichtshofes in allen Ehren — doch gegen den starren Wortlaut des § 23 verstößt — wie der beste Kenner des öster-reichischen Preßrechtes, Professor Liszl, in seinem „Lehrbuch" (S. 108) ausführlich nachgewiesen hat — und jeden Tag von einer weisen Be-hörde wieder ignoriert werden könnte. Die sozusagen zum Gewohnheitsunrecht gewordene Wohnungscolportage der Zeitungen ist auch nur durch einen geheimen Justizministerialerlass vom Jahre 1872 nachträglich sanctioniert worden, der, auf dem Wege einer gleichfalls juristisch nicht einwandfreien Interpretation, aus der Noth der pressgesetzwidrigen Wohnungscolportage eine gewerbegesetzliche Tugend macht.*) Erst vor drei Jahren hat die Wiener Staatsanwaltschaft gelegentlich der Gründung eines neuen Wiener Journals die von demselben geplante (später auch durchgeführte) unentgeltliche Vertheilung der Blätter von Haus zu Haus mit Berufung auf den § 23, Abs. 1 Pr.-G., zu verbieten versucht und sich bloß durch eine juristisch unhaltbare Phantasie-Interpretation davon abbringen lassen, vielleicht nur, weil sie eingesehen hat, dass mit dem Verbot der Propaganda-Vertheilung des neuen Blattes consequenterweise auch der ganze tief eingelebte Zeitungsausträgerapparat der alten Blätter vernichtet würde. Wie weit das Colportageverbot nach dem Wortlaut des Gesetzes ausgedehnt werden kann, hat sich im Jahre 1884 einmal gezeigt, da die Behörden selbst die Sammlung von Unterschriften zu einer Petition wegen Verstaatlichung der Nordbahn mit Hinweis auf das Colportageverbot zu behindern versuchten, weil die Petition selbstverständlich vorgedruckt, also eine Druckschrift war, die, zum Zweck der Unterschriftensammlung von Haus zu Haus zu tragen, nach § 23, Absatz 1 Pr.-G., verboten wäre. Diese eine Thatsache zeigt, dass selbst das Petitionsrecht vor dem Colportageverbot nicht sicher ist. Mit demselben Recht könnte auch die Behörde einmal die Vertheilung von Stimmzetteln zu einer Wahl den Magistratsdienern verbieten. Das Colportageverbot kennt keine Schranken. Auch das weitere Stück

*) Die Verordnung verweist nämlich auf § 3 des Pressgesetzes, woselbst es heißt, dass das Recht zum Vertrieb mit Druckschriften durch die Gewerbegesetzgebung geregelt wird. Folgen wir der Führung des Ministerialerlasses und sehen wir auch, was die Gewerbegesetzgebung über den Vertrieb mit Druckschriften sagt. Art. V des Kundmachungspatentes zur Gewerbeordnung lautet: „Auf folgende Beschäftigungen und Unternehmungen findet das gegenwärtige Gesetz keine Anwendung"; unter den aufgezählten Beschäftigungen heißt es dann: „p) die Unternehmungen periodischer Druckschriften und der Vertrieb derselben", und die gelehrte Anmerkung in der Manz'schen Gesetzesausgabe verweist ausdrücklich auf das Pressgesetz, das wieder seinerseits, wie erinnerlich, den Geschäftsleuten auf die Gewerbeordnung verweist. Das heißt also: der Mensch, der etwas über das Recht des Vertriebes mit periodischen Druckschriften wissen will, wird von der vorderlichen Gesetzgebung von Pontius zu Pilatus geschickt, vom Pressgesetz zur Gewerbeordnung, und dann wieder retour. Eine legislatorische Schlange, die sich in den Schwanz beißt! Thatsache ist aber, dass die betreffenden Vorschriften im Pressgesetz stehen (Beweis liefert der § 23 Pr.-G., was der weise Gesetzgeber im § 3 desselben Gesetzes übersehen hat) und nicht in der Gewerbeordnung, dass also der Justizministerialerlass auf jeden Fall Unrecht hat.

des Colportageverbotes, das Verbot des Abonnentensammelns ohne Erlaubnißschein, wird Tag für Tag übertreten. Und lassen Sie das alles
zusammen, so kann man vielleicht ohne Uebertreibung sagen, daß es in
unserer ganzen papierenen Gesetzgebung kaum eine Bestimmung gibt, die so
regelmäßig und so viel tausendfach, sogar mit behördlicher Genehmigung,
mißachtet wird als das Colportageverbot. Allzu scharf macht schartig.
Auch Gesetze, die allzu scharf sind, werden mit der Zeit schartig,
wie das Schicksal des rigorosen Colportageverbotes in Oesterreich zeigt.

Das Colportageverbot verleugnet seinen zünftlerischen Ursprung
nicht. Es ist eine Art gewerblichen Bannrechtes, aber nicht mehr im
Interesse der betreffenden Gewerbetreibenden, vielmehr sogar gegen
deren Interesse und ausschließlich im Interesse der politischen
Behörden angewandt — ein zünftlerisches Bannrecht in eine
politische Präventivmaßregel umgekleidet. Im wesentlichen beschränkt
das Colportageverbot den Verkehr mit Druckschriften auf das
H o l e n in den Gewerbslocalen und verbietet das Vertheilen
außerhalb derselben, also ebenso das B r i n g e n in die Wohnungen
der Kunden, wie auf die Gasse u. s. w. Nun gehören aber gerade
die Zeitungen zu jenen Artikeln des täglichen Verbrauches, bei
denen das Holen immer mehr und nothwendig zurücktritt hinter
dem Bringen. Für alle anderen Artikel des täglichen Bedarfes, als
Milch, Butter, Obst, Holz, Reibwascheln u. dgl., hat die Gewerbeordnung § 60 gegen die Regel volle Freiheit des Hausierhandels
statuiert, weil bei diesen Artikeln das Bringen praktisch zur Nothwendigkeit geworden ist. Nur die Zeitungen, bezw. überhaupt Druckschriften werden vom Preßgesetz ausnahmsweise noch strenger behandelt,
als die Norm für irgend welche anderen gewerblichen Erzeugnisse es
festsetzt, und doch sind heute die Zeitungen vielleicht nicht minder
Artikel des täglichen Verbrauches geworden als, sagen wir, die von
der niederösterreichischen Statthalterei durch einen besonderen Erlaß
vom 2. März 1881 gegen jede Einschränkung der Colportagefreiheit
so gewissenhaft geschützten Wiener Reibwascheln.

Solcher Widersinn ist undurchführbar, auch wenn er zwanzigmal
von der Gesetzgebung vorgeschrieben würde. In der That wird das Colportageverbot, so wie es der jüdische § 23, Absatz 1 Pr.-G., umschreibt, praktisch nicht mehr in seiner ganzen Ausdehnung beachtet, sondern nur, so-

weit es den Straßenverlauf meint, und selbst da wird es wieder behördlich übertreten, sobald besondere Ereignisse (wie vor drei Jahren der
Tod des Zaren z. B.) es verlangen. Schon in dieser außergesetzlichen,
übrigens ganz willkürlichen Einschränkung des Colportageverbotes
liegt an sich etwas Ungesundes. Denn ein gut regiertes Land soll
nur Gesetze haben, die auch vollständig durchgeführt werden können,
soll nicht Gesetze haben, die noch schlechter sind als die Wirklichkeit. In diesem Zustand liegt aber auch eine Gefahr, da es dem
Staatsanwalt, solange das Colportageverbot formell in Kraft
steht, vorbehalten bleibt, wenn es der Regierung einmal so
gefiele, das gesetzlich nicht aufgehobene, nur administrativ aufgeschobene
Colportageverbot in seiner vollen Strenge zu handhaben und uns den
ganzen Zeitungsverkehr wesentlich zu erschweren. Aber auch das, was
noch heute practicirt wird vom Colportageverbot, das Verbot der
Straßencolportage ohne zu Grund liegendes Abonnement, das Verbot
des Zeitungsausruferwesens, des Hausierens mit Zeitungen, des Vertheilens
von Flugschriften u. s. w. kann auf die Dauer nicht aufrechterhalten werden
und braucht es auch nicht zu werden, wie die Verhältnisse in anderen, besser
regierten Ländern klar beweisen. Wird das Colportageverbot nicht gesetzlich
aufgehoben, so wird es vielleicht — da die Verhältnisse ja doch mächtiger
sind als die Gesetze — auch in dem praktisch noch gehandhabten Theil
einmal, anfangs heimlich, später vielleicht öffentlich ebenso allgemein übertreten werden, als seit dreißig Jahren schon das Verbot der Wohnungscolportage; auch das Verbot der Straßencolportage wird dann vielleicht einst so obsolet werden als das der Wohnungscolportage es thatsächlich bereits geworden ist. Und deswegen schon thäten die Gesetzgeber,
ihrem eigenen guten Ruf zuliebe, besser, dieses veraltete Stück unserer
Gesetzgebung offen abzuschaffen.

Diesem Zweck würde es vollständig genügen, wenn die Legislative
den diesbezüglich dem Abgeordnetenhause vorliegenden Antrag Pacal
(siehe Anhang), welcher dem reichsdeutschen Preßgesetz von 1874, bezw. der
reichsdeutschen Gewerbeordnung nachgebildet ist, zum Gesetz erheben würde.

Das objective Verfahren.

So alt wie der Zeitungsstempel oder gar das Colportageverbot ist das objective Verfahren selbst nicht. Aber es ist von vornehmer Abkunft, sein Ahne ist — die Censur! Wir haben schon gesehen, wie sozusagen alle großen Wendepunkte in der Geschichte der Befreiung des europäischen Geistes uns Oesterreichern immer wieder eine neue Fessel des geistigen Lebens gebracht haben: die große französische Revolution den Zeitungsstempel, die Erfindung der Buchdruckerkunst das Colportageverbot. Und ähnlich ist die Censur in Oesterreich als das Gegenspiel der Reformation eingeführt worden. Die Censur (von Druckschriften) ist eine Erfindung der katholischen Kirche und hat dann den katholischen Regierungen als die Waffe gedient, mit welcher sie die Reformation „geistig" bekämpft haben. Die erste preßpolizeiliche Amtshandlung im Heiligen Römischen Reich Deutscher Nation fällt in das Jahr 1521. Es ist das Wormser Edict, durch das Luthers Schriften verboten und — wenn diese vorgreifende Anspielung gestattet ist — mit „objectiven Verfahren" zum Feuertod verurtheilt wurden. Damit man aber in Zukunft gegen etwa noch zu schreibende Schriften ähnlich ketzerischer Art diese feuerliche „Objectivierung" nicht mehr nöthig habe, wurde gleichzeitig für alle neuen Drucke eine staatliche Censur angeordnet. So wenig empfänglich Oesterreich sich auch immer für alle preßfreiheitlichen Einrichtungen fremder Staaten gezeigt hat, so eifrig war es in der Nachahmung von preßfeindlichen. Es wurden denn auch die preßpolizeilichen Anordnungen des Wormser Edicts schon 1523 und vollends 1528 in Oesterreich recipiert. Aus 1528 stammt die Censur in Oesterreich, die bald ihren rein kirchlichen Charakter ablegte und sich zu einer allgemein politischen Maßregel erweiterte, und dann — bis auf eine kurze Abschwächung unter Josef II. — durch mehr als volle drei Jahrhunderte in immer reicherer Ausgestaltung zu Recht bestand. Sie fiel am Tage nach der Revolution, am 14. März 1848. Als die

Reaction nach drei Jahren wieder kam, mochte sie über die inzwischen heimgegangene Censur aufrichtig getrauert haben. Aber diese war nicht wieder zu erwecken. Sie war so scheußlich discreditiert, daß selbst die österreichische Reaction der Fünfzigerjahre sie nicht zurückzubringen wagte. Es mußte etwas Neues, ein kräftiger Ersatz für die Censur erfunden werden, und die österreichische Regierung erfand 1851: das System der administrativen Verwarnungen (eine mißliebige Zeitung wird zweimal administrativ verwarnt und dann für kürzere oder längere Zeit administrativ eingestellt). Wer die Geschichte des Systems der modernen politischen Verwaltung kennt, weiß, daß die civilisirte Welt der österreichischen Bureaukratie für neue Ideen auf diesem Gebiete nicht sonderlich viel Dank schuldet. Umso bemerkenswerter ist die Thatsache, daß wenigstens diese eine neue politische Einrichtung, das System der Verwarnungen, österreichischen Polizeigehirnen entsprungen ist. Sie haben's uns auch im Ausland nachgemacht, überall, wo sie einen Knebel für die Presse brauchten: in Frankreich unter dem zweiten napoleonischen Kaiserthum („avertissements") und in Rußland, wo man erst in diesen Tagen des neuen Zaren mit dem System der Verwarnungen gebrochen hat. In Oesterreich haben zehn Jahre Verwarnungspraxis genügt, um dieses System hinfort unmöglich zu machen. Nach dem italienischen Feldzug und dem Octoberdiplom wurde es durch das Preßgesetz von 1862 außer Kraft gesetzt. Wohl hatte die Reaction sich noch immer unser schönes altes Strafgesetz mit seinen berüchtigten Kautschukparagraphen erhalten, das aus dem glorreichen Jahre des Absolutismus 1803 stammt und im herrlichen Jahre der Reaction 1852 neu herausgegeben wurde und übrigens auch heute noch in Geltung steht. Aber das materielle Recht allein konnte der Reaction nicht genügen. Sie brauchte auch ein ihr adäquates formelles Preßrechtsmittel. Doch nur ein Surrogat des Verwarnungssystems — die richterliche Einstellung eines Blattes nach mehrmaliger richterlicher Verurtheilung — konnte mühsam in das neue Preßgesetz hinübergerettet werden — ein schwächliches Surrogat, und die österreichische Reaction, der diesmal gar keine neue Erfindung einfiel, wäre elendiglich dran gewesen, wenn nicht rettend der Zufall ihr zuhilfe gekommen wäre, der das objective Verfahren schuf, das in dieser Art und Ausdehnung — stolz dürfen wir es sagen — uns von keinem Land der Welt noch nachgemacht werden konnte. Ein Zufall hat es erzeugt. Der Verfasser des 1862er Preßgesetzes, Lienbacher, hatte, wie er im Abgeordnetenhause 1878 gelegentlich bezeugte, keine Ahnung davon. Er stilisierte den betreffenden Satz (§ 16) seines Preßgesetzentwurfes wie folgt: „Kann der Staatsanwalt aus was immer für Gründen gegen keine bestimmte Person eine Anklage erheben, findet er es aber im öffentlichen Interesse, daß das Gericht darüber erkenne, ob der Inhalt einer Druckschrift ein Verbrechen oder Vergehen begründe, so kann er darauf antragen." Das bedeutete also, daß das später sogenannte objective Verfahren — d. i. das strafgerichtliche Verfahren gegen das Object, die Druckschrift selbst, ohne Verfahren gegen den Autor, das Subject — nur dann zulässig sein solle, wenn der Autor nicht verfolgt werden kann, sei es, weil er nicht bekannt, weil er gestorben, weil er geflohen, weil er unzurechnungsfähig oder weil er ein im Ausland lebender Ausländer ist. In dieser Beschränkung ist das objective Verfahren vollständig gerechtfertigt, sogar selbstverständlich. Auch die reichsdeutsche Preßgesetzgebung vom Jahre 1874 hat es in dieser bescheidenen Gestalt cobificiert. Und das österreichische Abgeordnetenhaus hat 1861, als es den betreffenden Paragraphen berieth, gleichfalls nicht mehr gewollt. Aber — weiß Gott, wer die Dummheit begangen, der Verdacht ruht auf dem Berichterstatter Dr. Herbst — das Abgeordnetenhaus nahm ganz zwecklos eine ungeschickte Umstilisierung des Lienbacher'schen Paragraphen vor, indem es diesen wie folgt redigierte: „Der Staatsanwalt kann, auch wenn er gegen keine bestimmte Person eine Anklage erhebt, im öffentlichen Interesse begehren, daß das Gericht erkenne, ob der Inhalt einer im Aus- oder Inlande erschienenen Druckschrift ein Verbrechen oder Vergehen begründe." Diese Umredigierung der hypothetischen Fassung Lienbachers in die thetische hat erst die maßlose Ausdehnung des objectiven Verfahrens auf alle, insbesondere auch diejenigen Fälle möglich gemacht, in welchen der Autor der Druckschrift sehr wohl bekannt und dem Gericht erreichbar, also subjectiv verfolgbar ist; erst sie hat die Einleitung des objectiven Verfahrens, statt von sachlichen Vorbedingungen, nur von dem Gutdünken des Staatsanwaltes abhängig gemacht, hat das objective Verfahren aus einem subsidiären in ein principales Rechtsinstitut verwandelt. Von dieser Tragweite der Neustilisierung hat damals niemand eine Vorstellung gehabt. Erst nachdem der Entwurf Gesetz geworden, entdeckte Lienbacher, damals der Wiener Staatsanwalt, die darin gelegene Möglichkeit. Die Reaction — worunter ich hier in Preßsachen die jeweilige österreichische Regierung, welcher Couleur sie sonst auch sei, einbegreife — die Reaction hatte ein neues vorzügliches Mittel zur Knechtung der Presse erlangt. Erfunden hat's Lienbacher nicht. Diesen Vorwurf, den ihm später die Liberalen machten, hat er mit Erfolg abgewehrt, wohl aber hat er's entdeckt und reichlich ausgenützt. Es ist ein moderner Ersatz für die Censur geworden.

Soweit die Genealogie des objectiven Verfahrens. Und nun etwas aus der Biographie. Auch das objective Verfahren hat seine Schicksale gehabt. Als das 1862er Preßgesetz zur Geltung kam, gab es noch keine Geschwornengerichte für Preßsachen. Der Journalist, der subjectiv angeklagt war, wurde vor die sogenannten „gelehrten Richter" gestellt. Auch heute noch haben unsere gelehrten Richter in Oesterreich, wie rechtlich sie auch sonst denken mögen, im allgemeinen noch lange, lange nicht jene Unabhängigkeit von der Regierung erlangt, welche eine Voraussetzung der Theilung der Gewalten und des ganzen constitutionellen Systems ist. Wie männiglich bekannt. Und nun stelle man sich gar die „Richter" von anno 1862 vor, dieselben Leute, die unter der Reaction der Fünfzigerjahre noch gedient hatten! Man wird begreifen, daß es einem Journalisten eiskalt über den Rücken lief, bei dem Gedanken, daß er wegen eines politischen Preßdelicts vor diese Richter kommen und deren Gerechtigkeit an seinem Leib zu erproben hätte. Als daher Lienbacher das erweiterte objective Verfahren entdeckte, waren ihm die Journalisten sehr dankbar. Sie hatten nun die Wahl, entweder sich selbst mit Haut und Haaren von den gelehrten Richtern subjectiv, aber auch sicher verurtheilen und einsperren oder lediglich das Object, den verbrochenen Artikel, verurtheilen und, wenn auch nicht gleich verbrennen — so hitzig wie zu Luthers Zeiten war man nicht mehr — doch einstampfen zu lassen; und da war das objective Verfahren entschieden das kleinere von den beiden Uebeln. Es ist deswegen durchaus glaubwürdig, was Lienbacher aus seiner damaligen Praxis später, 1878, erzählt hat, daß die Journalisten ihn geradezu um die Anwendung des objectiven Verfahrens baten, die er ihnen denn auch nur als Gunst gewährte. Dieses Verhältnis änderte sich, als 1867 staatsgrundgesetzlich die Competenz für die Beurtheilung der Schuldfrage (also des subjectiven Momentes) in Preßsachen von den gelehrten

8*

Richtern auf die Geschworenen übertragen wurde. Die Geschworenen sind wirklich zu wenig „gelehrt", um überall dort gleich ein Preßverbrechen oder »Vergehen zu finden, wo die jeweilige Regierung es sucht, weil sie es bequem brauchen könnte. Vor den Geschworenen hat ein politischer Journalist Hoffnung, auch einmal freigesprochen zu werden. Jetzt, da die Journalisten die Wahl erhielten, zwischen der subjectiven Verfolgung vor den Geschworenen und dem objectiven Verfahren vor den gelehrten Richtern, da wählten sie nicht das kleinere Uebel, sondern das, was überhaupt gar nicht übel, sondern modernes Recht ist: die subjective Verfolgung vor den Geschworenen. Doch auf diese Wahl wollten die Herren Staatsanwälte nicht eingehen; wie oft sie auch seither von confiscirten Journalisten um die subjective Verfolgung förmlich gebeten wurden, solche Gunst durften sie ihnen nicht erweisen, weil sie vor den Geschworenen durchzufallen fürchten mußten, während sie vor den, übrigens zu diesem Zweck wohl ausgesuchten, gelehrten Richtern mit den haarsträubendsten Confiscationsstückchen heil durchzubringen sicher waren. So ist es gekommen, daß das objective Verfahren in Preßsachen die Regel und die subjective Verfolgung eine höchst seltene Ausnahme geworden ist.

In diesem Zusammenhang muß wohl auch ein Vorschlag erwähnt werden, den Graf Friedrich Schönborn, als Justizminister der Coalition, vor zwei Jahren dem Abgeordnetenhause machte, daß nämlich das objective Verfahren abgeschafft werden möge, aber nur unter der Bedingung, daß dann die Preßdelicte (d. h. die subjective Verfolgung) der Competenz der Geschworenen völlig entzogen und den gelehrten Richtern überwiesen würden. Nach dem Bisherigen ist es wohl klar, was dieser Vorschlag bedeutet: geradezu ärgere Zustände, als sie unter dem gefürchteten Regime Lienbacher bestanden, wo den Journalisten wenigstens noch die Gnade des objectiven Verfahrens vor der subjectiven Verfolgung vor den gelehrten Richtern retten konnte. Zehn Jahre vor Lienbacher hätte eine solche „Preßreform"-Idee sich noch ans Licht wagen können, ohne als Curiosität aufzufallen. Zweiunddreißig Jahre nach Lienbacher kommt sie um mehr als eine Generation zu spät. Wenn Graf Schönborn sein eigener Großvater wäre, wäre er vielleicht ein für jene Zeit ganz respectabler Gesetzgeber geworden.

Wenn auch nicht theoretisch, gehört doch praktisch auch die vorläufige polizeiliche Beschlagnahme in das Capitel vom objectiven Verfahren, da sie gemeiniglich dessen Vorbereitung bildet. Der Vorgang, populär Consiscation genannt, ist allbekannt. Der Staatsanwalt, bezw. die Polizeibehörde führt nach eigenem Gutdünken die Beschlagnahme einer Zeitung aus, und erst nachträglich rechtfertigt er sie vor dem Gericht. Zuerst kommt also die Consiscation, d. i. die Erecution, und dann nach einigen Tagen hinkt das gerichtliche Urtheil nach. Das ist, vergleichsweise gesprochen, ungefähr so, als ob man dem Hnker gestatten würde, zuerst nach seinem Dafürhalten Einem den Kopf abzuschneiben, und dann, nachdem die Instification vollbracht wäre, sich der Gerichtshof erst zusammensetzen würde, um zu untersuchen, ob der bereits Geköpfte wirklich schuldig war oder nicht. Sehr treffend haben deswegen die hervorragendsten Fachmänner, wie Mohl, Gneist, Wahlberg, John, Jaques, Marquardsen, sie eine juristische Monstrosität, eine Strafe vor dem Urtheil genannt. Das objective Verfahren mit der vorläufigen polizeilichen Beschlagnahme ergeben zusammen ein Institut, welches bereits sehr der alten Censur nahekommt. Der Hauptunterschied ist nur mehr der, daß die Censur, indem sie die Druckschrift schon vor der Drucklegung behandelt, präventiv, das objective Verfahren mit der vorläufigen polizeilichen Beschlagnahme erst nach der Drucklegung, also repressiv wirkt, jene anticipando, diese postnumerando. Dabei hat es die österreichische Gesetzgebung verstanden, diesen zeitlichen Unterschied auf ein Minimum zu reducieren, vermöge der Einrichtung der Pflichtexemplare. Das Gesetz verpflichtet nämlich den Drucker, das Pflichtexemplar gleichzeitig mit dem Beginn der Vertheilung des Blattes dem Staatsanwalt zu überreichen. Eine halbe Minute vorher wäre schon Prävention, Censur gewesen. Hat nun die Staatsanwaltschaft ihr Exemplar, so liest sie es mit der größten Hast durch, um nur im Fall der Consiscation dem Gegner, d. i. der Zeitungsexpedition, bei dem Vertheilungsgeschäft einen so geringen Vorsprung als möglich zu lassen. In dem Zusammenhang nebenbei ist auch der eigentliche Zweck jenes undurchsichtbar rigorosen Colportageverbotes zu begreifen. Die absolute Verhinderung der Colportage würde den Vorsprung der durch das Colportageverbot gefesselten Zeitungsexpedition verringern. Das war die edle Absicht der Gesetzgeber, die freilich durch die Entwicklung des modernen Zeitungsverkehrs unprakticabel geworden ist, selbst in Oesterreich. In diesem Wettrennen zwischen staatsanwaltschaftlicher Prüfung und Zeitungsexpedition bekommt die letztere zwar, bei „gefährlichen" Blättern, bald flinke Beine, aber das journalistische Gewissen des Staatsanwaltes wird bei solcher Jagd leicht lahm. Dabei fehlt in der Regel dem Staatsanwalt oder Polizeibeamten auch noch die für das Censorat erforderliche literarische Bildung wie überhaupt die geistige Capacität. Er confiseiert dann oft genug vielleicht aus Unkenntnis oder Missverständnis. An Stelle der scharfen juristischen Distinction tritt die Ordre von „oben", oder der Instinct des avancementsbedürftigen Staatsanwaltes für das, was oben genehm sein mag oder nicht. Unter dem einen Ministerium wird jede Andeutung über die geistige Begabung, unter dem anderen wieder jede Anspielung auf die moralische Integrität der Minister confisciert, und wenn später einmal das betreffende Ministerium gestürzt ist, kann man dann plötzlich auch noch in den officiösen Blättern als Nach-Kritik jene Anschauungen über dasselbe wiederfinden, welche zu dessen Lebzeiten gerade am strengsten confisciert worden sind. Ist die Confiscation geschehen, so tritt das Gericht zusammen und fertigt ein Urtheil aus, welches als Begründung meist nichts weiter als das wohlbekannte Wortgeklingel eines der Kautschukparagraphen wiedergibt. Man erhebt Einspruch gegen dieses Urtheil. Nach einigen Wochen setzt sich dasselbe Gericht abermals zusammen, um in einer Einspruchsverhandlung sein eigenes Urtheil zu überprüfen. Dass dieselbe Instanz, die das erste Urtheil geschöpft hat, auch wieder als zweite Instanz fungiert, ist noch eine unerhörte juristische Monstrosität mehr; dass aber bei dieser sogenannten Gerichtsverhandlung der Wahrheitsbeweis ausgeschlossen ist, ist eine weitere juristische Monstrosität, welche das ganze kunstvolle Gebäude dieser neuen Censur stilvoll krönt. Wenn den Ministern die unangenehme Wahrheit schon hart auf den Fersen ist, können sie sich immer noch in die Verschwiegenheit des objectiven Verfahrens flüchten. Darnach wird auch der juristisch Mindergebildete begreifen, warum österreichische Minister mit so inniger Liebe an diesem Verfahren hängen. Die Procedur ist in der Hauptsache auf das Gutdünken des Staatsanwaltes und seiner ministeriellen Auftraggeber gestellt, ganz so wie ihrer Zeit die Censur auf das des Censors, nur dass heute der ganze, wesentlich administrative Vorgang sich hinter einem gerichtlichen Scheinverfahren versteckt, ein Missbrauch der gerichtlichen Formen, der diesen gerade nicht zum Vortheil gereicht. Wer sich seinen Respect vor gerichtlichen Urtheilen bewahren will, ist dringend gebeten, nie ein Confiscationserkenntniß zu lesen, und wer seine Achtung vor dem gerichtlichen Verfahren sich bewahren will, der möge es nur ja vermeiden, einer Einspruchsverhandlung beizuwohnen.

Darnach ist auch die Hauptwirkung dieses Verfahrens leicht begreiflich. Sie besteht in einer Abstumpfung des öffentlichen Rechtsbewußtseins für die durch die Presse begangenen politischen Delicte. In dieser Beziehung kann ich mich auf das Zeugniß des bedeutendsten Strafrechtslehrers Oesterreichs, Julius Glasers, beziehen, der 1871, noch ehe er selbst Minister war, in einem dem Abgeordnetenhause erstatteten Berichte die Wirkung des objectiven Verfahrens in seiner bei uns zur Regel gewordenen Ausdehnung mit den Worten kennzeichnete: „Wenn es offenkundig wird, daß die Anklage ohne sachlichen Grund (auf das „Object") eingeschränkt und modificirt wird, lediglich weil der Ankläger so hoffen kann, Richter zu finden, welche verurtheilen, während er besorgt, daß das eigentlich zuständige Gericht (das Geschworenengericht) freisprechen werde, so erleidet durch solche Vorgänge die öffentliche Rechtsordnung eine Schädigung, welche zu den Vortheilen, welche man sich von einzelnen Verurtheilungen versprechen mag, außer allem Verhältniß steht." Die Abstumpfung des öffentlichen Rechtsbewußtseins beginnt, wie geschildert, beim Staatsanwalt und geht dann auf die Richter über, die mit der Regelmäßigkeit einer Maschine die staatsanwaltschaftlichen Confiscationen fast ausnahmslos bestätigen. Kommt dann einmal ein politischer Preßfall in subjectiver Verfolgung vor die Geschworenen, so ist hier fast ebenso regelmäßig der Freispruch zu gewärtigen. Das ist das einzige erfreuliche Zeichen in dieser Entwicklung, der Beweis, daß trotz dreißigjähriger Praxis des objectiven Verfahrens der Rechtssinn für politische Preßdelicte, wenn auch bei Staatsanwälten und Richtern, so doch noch nicht in der großen Masse der Bevölkerung, bei den Geschworenen, völlig abgestumpft ist. Die Justizminister sagen dann freilich, daß die Geschworenen in Preßsachen „unverläßlich" sind und deswegen von der Judicatur in Preßsachen ausgeschlossen werden sollten. Den Schmerz der Justizminister kann ich leicht begreifen, nur nicht theilen. Sie haben ja, von ihrem Standpunkt aus, sehr Recht! So „verläßliche"

Diener der Regierung, wie die von ihr abhängigen, zu belohnenden,
zu bestrafenden Staatsanwälte und gelehrten Richter, sind die Richter
aus dem Volke, Gott sei's gedankt, selbst in Oesterreich noch nicht.
Wenn daher bei Beurtheilung politischer Delicte zwischen den Staatsanwälten, beziehungsweise gelehrten Richtern und den Geschworenen
fortgesetzt Widersprüche der Anschauungen hervortreten, kann man,
im allgemeinen wenigstens, immer noch eher auf die Gerechtigkeit der
Geschworenen bauen als auf die der Staatsanwälte und Richter, die
gerade ihrerseits wegen ihrer politischen Abhängigkeit bei politischen
Delicten der Unbefangenheit entbehren, welche die Voraussetzung einer
gerechten Judicatur ist. Wenn die Geschworenen bei politischen Preßdelicten von ihrer Unabhängigkeit Gebrauch machen, indem sie, unbeirrt
durch die rachsüchtigen Wünsche der angegriffenen Regierung, mit Freisprüchen vorgehen, zeigen sie nur, daß das Geschworenengericht dem
Zweck, für den es eingesetzt wurde, noch immer nicht verfehlt hat. In
politischen Sachen sind die Regierung und die von ihr abhängigen
Staatsanwälte und Richter Partei, und das „Recht", das sie sprechen,
Gewalt. Gerade in politischen Sachen gibt es, wenn überhaupt, nur
e i n e Instanz, und das ist die Bevölkerung, das sind die Geschworenen.
Wenn irgendwo, ist deshalb in politischen Sachen ihre Judicatur nothwendig. Die doppelte Rechtsprechung in Preßsachen — noch eine weitere
juristische Monstrosität auf diesem Gebiete — mit den crassen Widersprüchen
zwischen den Urtheilen der gelehrten Richter und der Geschworenen ist allerdings ein schwerer öffentlicher Uebelstand, der abgestellt werden muß, einer-
seits durch Aufhebung der in die Gesetzgebung eingeschmuggelten „objectiven"
Judicatur der gelehrten Richter in Preßsachen, andererseits durch die Abschaffung der Kautschukparagraphen, die allein es ermöglichen, daß in derselben Sache von zwei verschiedenen Richtercollegien so verschiedene Aus-
sprüche gefällt werden können. Kautschuk kann man ebensogut zusammenziehen
wie ausdehnen. Haben die Richter das Recht, mit Hilfe der Kautschukparagraphen alles zu verurtheilen, so dürfen es auch die Geschworenen billig
finden, mit Hülfe derselben Kautschukparagraphen in Preßsachen alles frei-
zusprechen. Aber diejenigen, die Justizminister, welche die Abstumpfung
des Rechtssinnes bei den Richtern durch die Aufrechthaltung des objectiven Verfahrens und der Kautschukparagraphen des Strafgesetzes
verschuldet haben, dürfen sich dann nicht wundern, wenn sich gegen
diese rechtlose Rechtsprechung aus der Bevölkerung heraus in den ge-

legentlichen Freisprüchen der Geschworenen bei Preßdelicten eine gesunde Reaction geltend macht. Diese Erscheinung ist ein warnendes Symptom dafür — nicht, daß, wie die Justizminister mit verkehrter Logik schließen, die Judicatur der Geschworenen für Preßsachen abgeschafft, sondern — daß die mit dem Rechtsbewußtsein der Bevölkerung in Widerspruch stehende Handhabung des objectiven Verfahrens und der Kautschukparagraphen gegen die Presse durch Staatsanwälte und Richter abgeschafft werden, daß diese Ausnahmsgesetze gegen die Presse aufgehoben, daß die Presse und die Journalisten wieder dem, nach Glaser, für sie eigentlich und ausschließlich zuständigen Gerichte, dem Geschworenengerichte, überwiesen werden.

Die Hauptabsicht des objectiven Verfahrens, einen der Regierung unangenehmen Artikel zu unterdrücken, wird nicht erreicht. Wie Bischof Jirsik 1861 im Abgeordnetenhause erzählte, hat selbst die Censur in den Vierzigerjahren dies nicht mehr vermocht; als am 14. März 1848 die Censur aufgehoben wurde, kündigten die Wiener Buchhändler öffentlich an, daß sie sämmtliche von der Censur verbotenen Bücher auf Lager haben — der beste Beweis, daß diese Schriften auch unter der Censur in den buchhändlerischen Verkehr durchgeschlüpft waren. Wie viel weniger könnte erst in unseren viel verkehrsrascheren und -leichteren Tagen das objective Verfahren, diese Censur mit Hindernissen, jenen Zweck sichern! Wird ein Blatt confisciert, so werden wohl ganze Dutzende von Polizisten ausgeschickt, suchen in der gehässigsten Weise alle Straßen und öffentlichen Locale nach der confiscirten Zeitung ab. Es gelingt ihnen oft, sich in ihrem blinden Uebereifer lächerlich zu machen, aber der ganzen Auflage des Blattes habhaft zu werden, gelingt ihnen überhaupt nicht mehr. Ueberdies kann man den Artikel durch eine parlamentarische Interpellation immun machen und dann trotz Confiscation ruhig nochmals abdrucken. Endlich entzieht die in der Redaction der „Zeit" gemachte Erfindung des unter geschlossenem Couverte versendeten Beiblattes die ganze Auflage der polizeilichen Hand und macht so die Confiscation von A bis Z illusorisch. Wie einst das Censurverbot, ist heute die Confiscation die stärkste Reclame für einen Zeitungsartikel. Gerade durch die Confiscation wird bewirkt, daß er viel gelesen, durch die Ausschließung des Wahrheitsbeweises, daß er für wahr gehalten wird. Insofern hat der Zeitungsschreiber und Herausgeber keinen Grund, über eine erfolgte Confiscation zu trauern. Um so bedenklicher ist für ihn neben der Schererei der Geldverlust, der ihm zufällt, durch die Nothwendigkeit, eine zweite Auflage zu veranstalten. Und diese sich oft auf Hunderte bis Tausende von Gulden belaufende Geldstrafe ist auch eigentlich heute der geheime Hauptzweck, um dessen willen die Regierungen an dem objectiven Verfahren noch immer so krampfhaft festhalten. Auch hier wieder scheiden sich, wie bei Zeitungsstempel und Colportageverbot, die Zeitungen in Classen. Den reichen, den feigen Blättern schadet die Confiscation weniger als den armen und den muthigen Blättern, welche durch fortgesetzte Confiscationen finanziell völlig zu Grunde gerichtet werden können. Den politisch corrupten dagegen, die ja so oft auch gleichzeitig die reichen sind, schadet das objective Verfahren überhaupt nicht, da diese Art von Zeitungsliteratur es, nach dem Sprichwort von den Krähen, zumeist wohlweislich vermeidet, der jeweiligen Regierung mehr Opposition zu machen, als deren Eitelkeit erwünscht sein kann. So, sieht man, wird durch die Pressgesetzgebung die gemeine Gesinnung förmlich von staatswegen prämiiert. Man hat in Oesterreich die Presse geknechtet wie in keinem anderen Lande der europäischen Civilisation. Man darf sich deswegen nicht wundern, daß — die ehrenwerten Ausnahmen in allen Ehren — die österreichische Presse so knechtselig geworden ist und so niederträchtig, wie kaum in einem anderen modernen Staate der Welt. Man hat die Presse in Oesterreich solange als eine gemeingefährliche Einrichtung behandelt, bis sie es wirklich nach allen Dimensionen geworden ist. In anderen Ländern, in denen man sie als gemeinnützige Institution betrachtet und fördert, hat sie auch ihre Gemeinnützlichkeit in vollstem Maße bewiesen.

Das objective Verfahren ist, wie gezeigt, durch einen 1862 von dem liberalen Referenten im Abgeordnetenhause begangenen Redactionsfehler in unser Pressgesetz gekommen. Sobald es von Lienbacher als Staatsanwalt „entdeckt“ und in die Praxis eingeführt war, war es die liberale Partei, die ob dieser Verkehrung ihrer Absichten sich in Entrüstung stürzte und Lienbacher die Schuld an dem Pressverderb zuschob. Wäre es ihr mit ihrer Empörung über das objective Verfahren ernst gewesen, so hätte sie die erste Gelegenheit benützen müssen, um es durch Correctur ihres Redactionsfehlers wieder abzuschaffen. Nun, 1868, bei der Berathung der damaligen Pressgesetznovelle, hat die liberale Partei die erste Gelegenheit gehabt. Sie hat sie aber nicht benützt, also das objective Verfahren stillschweigend sanctioniert. Und als 1873 die neue Strafprocessordnung berathen wurde, hatte sie eine zweite Gelegenheit. Und was hat sie da gethan? Sie hat den Redactionsfehler von anno 1861 wortwörtlich als § 493 in die neue Strafprocessordnung hinübergenommen, wo er bis auf den heutigen Tag noch zu Recht besteht. Aus dem Redactionsfehler ist ein Gewissensfehler der liberalen Partei geworden.

Eine Pressreform braucht heute, nach dem 34jährigen Irrthum des objectiven Verfahrens, nur wieder auf jenen Weg zurückzuleiten, den die Regierungsvorlage des Jahres 1861 betreten hatte, d. h. den damaligen Redactionsfehler einfach zu corrigieren. Wir fordern gewiß nichts Radicales, wenn wir 1895 nichts anderes verlangen, als der Legislator der Reaction Lienbacher 1861 (und 1873) gewollt hat: Beschränkung des objectiven Verfahrens auf jene Fälle, in welchen der Autor eines incriminierten Artikels entweder unbekannt oder nicht auffindbar oder unzurechnungsfähig oder im Ausland wohnhaft ist, kurz subjectiv nicht verfolgt werden kann; in allen anderen incriminierten Fällen subjective Verfolgung des Artikelschreibers vor den Geschworenen, deren Competenz für Pressdelicte wir als eines der wertvollsten Fundamente unseres Verfassungslebens nimmermehr aufgeben, vielmehr von ihrem jetzigen papierenen Dasein in die praktische Wirklichkeit überführen wollen. Die vorläufige polizeiliche und staatsanwaltschaftliche Beschlagnahme sollte ganz wegfallen. Doch könnte man sich immerhin auch auf diesem Gebiet mit dem (im Anhang abgedruckten) Antrag Pacak einverstanden erklären, der sie auf die Fälle der Majestätsbeleidigung und der Militärspionage beschränkt. Daneben hätte auch noch der § 492 der Strafprocessordnung wegzufallen, der, wenn er weiter bestünde, allein schon die Regierung in die Lage versetzen würde, das objective Verfahren in seiner vollen heutigen Ausdehnung auf einem Umweg in die Praxis wieder einzuführen.

Die Entziehung des Postdebits.

Die Entziehung des Postdebits ausländischer Zeitungen ist vor zwei Jahren in der Oeffentlichkeit viel erörtert worden, als die Coalitionsregierung den unglücklichen Einfall hatte, diese Maßregel gegen die „Frankfurter Zeitung" in Anwendung zu bringen. Die Lehren, die sich die Regierung damals geholt hat, werden ihr wohl eine Warnung für künftige Fälle sein. Nichtsdestoweniger ist eine gesetzliche Reform dieser, übrigens gleich dem Zeitungsstempel, aus der Reactionszeit stammenden Maßregel nothwendig. Ich kann mich diesbezüglich kürzer fassen, da ich seinerzeit gelegentlich des Falles der „Frankfurter Zeitung" die Sache in einer Broschüre*) eingehend behandelt habe. Ich habe dort gezeigt, daß die Regierung lediglich die Befugnis hat, einer ausländischen Zeitung das Recht zu entziehen, die Postanstalten als Pränumerationsstellen zu benützen. Weiter reicht das Postdebitentziehungsrecht nicht und ist es auch staatsrechtlich nicht zu begründen. Unsere Regierungen gehen thatsächlich viel weiter. Sie entziehen thatsächlich einer so gemaßregelten Zeitung das Recht, überhaupt die Post als Transportanstalt zu benützen, was ein absolut unzulässiger staats- und völkerrechtlicher Widersinn ist. Ich habe übrigens im Fall der „Frankfurter Zeitung" der Regierung auch gezeigt, daß man ähnlich wie die Confiscation auch die Postdebitentziehung illusorisch machen kann, weil sie ebenso wie diese in unser ganzes modernes Rechts- und Verkehrssystem nicht organisch hineinpaßt. So hatte schließlich bei der Postdebitentziehung die Regierung den größeren Schaden, da die ganze Entwicklung der Angelegenheit ihre Gesetzesunkenntnis im In- und Ausland bloßstellte. Die betroffene Zeitung hatte, von den Scherereien abgesehen, nur einen Geldschaden, den sie übrigens leicht verschmerzen konnte. Auch diese

---

*) „Postdebit, Postboykott und Briefgeheimnis in Oesterreich. Eine Studie auf dem Gebiete des Preßrechtes." Von Dr. Heinrich Sänger. Wien, 1898. Verlag „Die Zeit".

nelle Einrichtung ist nachgerade reif geworden zu fallen. In dieser
Richtung liegt ein geeigneter Reformantrag dem Abgeordnetenhause
vor. Es ist dies der (im Anhang abgedruckte) Antrag Kramář.

Somit habe ich Ihnen die vier meiner Ansicht nach wichtigsten
Objecte der Preßreform beschrieben. Gestatten Sie mir noch zum
Schluß, an das historische Resumé anzuknüpfen, mit dem ich meinen
Vortrag eröffnet habe. Alle entscheidenden Wendungen unserer politischen Entwicklung sind begleitet gewesen von einer Preßreform. Auch
dieses Jahr hat eine neue Wendung gesehen: die Wahlreform.
Eine Wahlreform ohne Preßfreiheit wäre aber ein Unding, der Weg,
auf dem die Dummen und Unwissenden zur Macht über die Intelligenten gelangen. Das nächste Haus mit einer clerical-reactionären
Majorität wird uns ja aller Wahrscheinlichkeit schon einen Vorge-
schmack davon bringen. Eine gute Schule und eine gute Presse sind
der einzige Schutz gegen eine Pöbelherrschaft, die sonst aus dem allgemeinen Wahlrecht hervorgehen könnte. Die Preßfreiheit ist das
angemessene Correctiv des allgemeinen Wahlrechtes. Nach der Wahlreform ist deswegen die Preßreform der nächste und dringlichste Gegenstand unserer politischen Tagesordnung.

Aber ebensowenig wie die Wahlreform darf die Bevölkerung
mit der Preßreform warten, bis es der Regierung und dem Parlamente beliebt, sie aus eigener Initiative in Angriff zu nehmen. Aus
der Bevölkerung selbst muß der Antrieb kommen, und Pflicht der
intelligenten Schichten ist es, darin die Initiative zu ergreifen. Sehr
belehrend in dieser Hinsicht ist auch das Beispiel, speciell die Geschichte
der Abschaffung des Zeitungsstempels in England. Jahrzehnte lang
haben dort die Journalisten- und Buchdruckervereine gegen den
Zeitungsstempel petitioniert, ohne Erfolg zu haben. Erst als die Bevölkerung selbst immer stürmischer nach billigen Zeitungen verlangte, kam
der Erfolg. Insbesondere die Wahlreform von 1832 hat in dieser
Richtung einen wohlthätigen Einfluß geübt. Schon 1836 begann
man mit der allmählichen Herabsetzung des Zeitungsstempels. Doch
erst als 1850 sich eine förmliche, in zwei speciellen Vereinen culmi-
nierende Organisation bildete — die Press Association und der
Verein mit dem bezeichnenden Titel: „Gesellschaft für die Abschaffung
aller Abgaben auf den Erwerb von Kenntnissen" — der sich die besten

Männer des Landes, darunter auch zahlreiche Abgeordnete, anschlossen, erst da gelang es, die Zeitungssteuer in England definitiv abzuschaffen — 1855. Aus diesem Beispiel sollten wir lernen.

Es ist nicht gut, dass, nach dem Muster des Herrn Dr. Kopp, die Abgeordneten sich auf die wackere Regierung verlassen. Es ist aber auch nicht gut, dass die Bevölkerung sich so ganz auf die wackeren Abgeordneten verlasse. Deswegen erschiene es mir sehr wertvoll, wenn dieser Verein unsere Sache in die Hand nähme und durch eine ausgedehnte Agitation auf eine angemessene Weise auf die Abgeordneten eine Pression ausübte, damit sie den unsanften Stoß an die Regierung weitergeben. Wenn man bedenkt, dass in der Frage der Pressreform fast alle Parteien, von den Clericalen bis zu den Socialdemokraten, bezüglich des Zeitungsstempels sogar inclusive des Herrn v. Bilinski, principiell einig sind, erscheint es durchaus nicht ausgeschlossen, dass, bei der ganzen sprunghaften Art, in der sich nun einmal unsere politischen Verhältnisse entwickeln, eine solche Agitation einen überraschend prompten Erfolg bringen könnte, für die Abschaffung des Zeitungsstempels möglicherweise schon in diesem Hause, für die Abschaffung des Colportageverbotes, der Postdebitentziehung und für die Reducierung des objectiven Verfahrens und der Confiscation vielleicht erst im nächsten Hause. Jedenfalls muss etwas geschehen. Nach der Wahlreform die Pressreform! Das verlangt die Natur der Dinge. Und die politische Vernunft fügt dem Wunsch bei, dass die kommende Pressreform besser sein möge, als die Badeni'sche Wahlreform!

Anhang.

—

I. Zeitungsstempel.

Antrag Vocal.

Geſeß . . . .

§ 1. Die bisher für Zeitungen und Zeitschriften, für Ankündigungs-
und Anzeigeblätter, dann für Kalender bestandenen Stempelabgaben sind
aufgehoben.

§ 2. Dieses Gesetz tritt mit . . . . in Wirksamkeit.

§ 3. Der Finanzminister wird mit dem Vollzuge dieses Gesetzes
beauftragt.

—

II. Colportageverbot.

Antrag Vocal.

Artikel I.

„Der Absatz 5 des § 9 des Preßgesetzes wird aufgehoben und hat
zu lauten, wie folgt:

„Die Ertheilung der Bewilligung zum Verkaufe periodischer Druckschriften, sowie die Ausstellung des Erlaubnißscheines zum Hausiren mit
Druckschriften, zum Anpreisen, Vertheilen und Feilbieten derselben außerhalb
der hiezu ordnungsmäßig bestimmten Localitäten und zum Sammeln von
Pränumeranten oder Subscribenten (§ 23, Absatz 1 des Preßgesetzes) kann
keinem österreichischen Staatsangehörigen verweigert werden, welcher das
16. Lebensjahr überschritten, keine Verurtheilung wegen eines Verbrechens,
wegen eines aus Gewinnsucht begangenen oder gegen die öffentliche Sitt-
lichkeit gerichteten Vergehens oder wegen einer ebensolchen Uebertretung er-
litten hat, und welcher mit keiner ansteckenden oder abschreckenden Krankheit
behaftet ist.

„Von der Verkaufsbewilligung dürfen einzelne inländische Druckschriften
(§ 18 des Preßgesetzes) nicht ausgenommen werden.

„Eine Entziehung der vorstehenden Berechtigungen kann nur platz-
greifen, wenn einer der Fälle eintritt, in welchen die Verweigerung derselben
gerechtfertigt gewesen wäre, oder wenn der Berechtigte wiederholt wegen
eines Vergehens gegen die Ordnung in Preßsachen rechtskräftig verurtheilt
worden ist."

III. a) Objectives Verfahren.

§ 493. 1. Satz der Strafproceßordnung ist unzuändigietrn, wie folgt:
„Kann der Staatsanwalt aus was immer für Gründen gegen keine bestimmte Person eine Anklage erheben, findet er es aber im öffentlichen Interesse, daß das Gericht darüber erkenne, ob der Inhalt einer Druckschrift ein Verbrechen oder Vergehen begründe, so kann er darauf antragen, daß das Gericht darüber erkenne . . ."

III. b) Vorläufige polizeiliche Beschlagnahme.

Antrag Peral.

Gesetz . . . .

Artikel I.

Die §§ 487 (und 493) der Strafproceßordnung bleiben mit nachfolgenden Abänderungen in Wirksamkeit.

Die vorläufige Beschlagnahme von Druckschriften kann wegen ihres Inhaltes im öffentlichen Interesse nur erfolgen, wenn derselbe den Thatbestand einer der folgenden strafbaren Handlungen begründet:

1. Verbrechen der Majestätsbeleidigung (§ 63 St.-G.).
2. Mittheilung militärischer Operationen unter Gefährdung des Staatsinteresses oder wider besonderes Verbot (Artikel IX des Gesetzes vom 17. December 1862, R.-G.-Bl. Nr. 8 für 1863).

Artikel II.

Mit dem Vollzuge dieses Gesetzes sind Meine Minister der Justiz und des Innern beauftragt.

IV. Postdebitentziehung.

Antrag Steudel.

Gesetz . . . .

Artikel I.

§ 26. Alinea 2 des Gesetzes vom 17. December 1862, R.-G.-Bl. Nr. 6 für 1863, hat zu entfallen.

Artikel II.

Dieses Gesetz tritt mit dem Tage der Kundmachung in Wirksamkeit. Mit dem Vollzuge sind Meine Minister des Innern und der Justiz beauftragt.

* 9 7 8 3 7 4 1 1 5 7 8 3 7 *